願いはすべて ❋

LIVE YOUR HAPPY:

ホーリースピリットが叶えてくれる

GET OUT OF YOUR OWN WAY
AND FIND THE LOVE WITHIN

マリア・フェリーペ 著
MARIA FELIPE

香咲弥須子＋伊藤由紀子 訳

フォレスト出版

ホーリースピリットとは

　ハイヤーセルフ、ガイド、守護霊、大天使、内なる教師……さまざまに呼ばれることがありますが、ホーリースピリットは、わたしたちのこころの奥にある、全知全能の部分です。

　何かを考える時、決める時、迷っている時、困った時、ホーリースピリットに尋ねれば、その状況にどんなよい意味があるのか、なぜその状況を嘆く必要がないのかを教えてくれます。

　ホーリースピリットに尋ねれば、必ず答えが返ってきますが、実は、尋ねなくても、頼まなくても、わたしたちがその時々必要としているもの、幸せのための最適な状況を全部わかっていて、それを与えてくれています。

　そんなホーリースピリットの贈り物に気づくには、ホーリースピリットに語りかけ、お願いするのが一番です。

　ホーリースピリットは、命令はしないし、困難を突きつけてわたしたちに試練を受けさせるようなことは決してし

ません。限りなく優しく、慈愛にあふれた存在です。わたしたちを癒(いや)し、慰め、勇気づけ、讃え、そして信頼してくれています。

「これが愛ですよ」
「この愛の中に、あなたは生きているのですよ」

　ということをじわじわとわからせてくれるのです。

　毎日、どんな時でもホーリースピリットに尋ね、頼み、お願いすることをやっていると、自分とはかけ離れた存在、遠い上空に浮かんでいるようなものに思えていたホーリースピリットが、実は、自分のこころの中にいる、つまり、自分自身そのものなのだということに気づくようになります。

「そう、あなたもまた愛そのものなのですよ」

　というホーリースピリットの声がこころを満たすのを感じるようになるのです。

訳者　香咲弥須子

イントロダクション

あなたについての真実……

あなたは強い。
あなたはパワフル。
あなたは完璧(かんぺき)。
——そしてあなたは1人じゃない。

　実は、これ、わたしたち誰についても真実です。でも、本当に真実であるなら、なぜわたしたちは、自分のことをいつも強く、パワフルに感じていないのでしょう。ある日は気分がすごくいいのに、その翌日には目が腫(は)れるほど泣いていたり。どうして気分が浮いたり沈んだりするのかしら。何百冊じゃないとしても、自己啓発の本を片っ端から読んで、数々のセミナーにだって参加しているというのに、どうして幸せで満たされている感じがしないのかしら。仕事を替え、ロマンスの相手を替え、宗教さえも1つの宗教

から他の宗教へと替えてみたりするのに、それでも自分の人生の目的をわからずにいるなんて……。何よりも、なぜ"幸せ"が、相変わらず遠いところにあるように感じられるのかしら？

　わたしもそうでした。よく覚えています。そしてわたしは本当の幸せを学んだので、この本を書くことになりました。1日中アファメーションを繰り返したっていいし、焼けた石のうえを歩いたっていいけれど、自分のマインドがどのように作用するのかよく理解して、こころの中にある神聖な部分に気づくまでは、あなたが自分の幸せを生きることはないと、今のわたしは断言できます。わかって！　わたしはこれ以上ないほど真剣です。「こうすれば簡単よ、幸せはすぐそこよ」と言っているわけではありません。それでも、わたしは言わずにいられないの。あなたにはできるって。だってこの本を開いているのだもの。あなたが、幸せの道を歩き始める時がきたということに違いないではありませんか。

　あなたとわたしと、みんなで一緒にやっていきましょう。あなたが自分の真実に目を覚ますと、わたしも自分の真実に目覚めるようにできています。このことについては後でまた話すわね。この本で紹介している、うまくいくスピリ

チュアルなツールを、ぜひあなたに使って欲しいと思っています。あなたのために。みんなのために。あなたの大事な人たち、あなたが助けたいと願っている人たちのために。あなたが使うと、みんなが自分にふさわしい幸せを生きる手助けになるの！　素晴らしいじゃない？

 わたしはどこから来たのか

『ア・コース・イン・ミラクルズ』*の教師になる前、わたしは女優で、モデルで、テレビ司会者でした。雑誌で取り上げられたし、ステージショーやテレビ番組、全国ネットのCMにも出演していました。そして、ラテン系女性としては初のボクシングのリングアナウンサーでもありました。今でも「赤コーナー、メキシコはロス・モチス出身、体重139.5パウンズ、フンベルト・ソト！　青コーナー、メキシコ、グアダハラ出身、体重140パウンズ、ホルフェ・ソリース！」とマイクを握って絶叫している自分の声が聞こえるわ。世界的によく知られているWWF（現在はWWE、世界レスリング・エンタテイメント）で、2万人ぐらいの観客の前で対戦者のインタビューを担当していたこともあります。エキサイティングに聞こえる？　実を言うと、わたしにとっ

ては、どれもこれも、今思い出してもぞっとするほど恐怖の経験だったのです。

　リングに向かってスロープを降りて行く時、ものすごく怖かったのを覚えているわ。心臓が今にも飛び出しそう。わたしにできるの？　わたしでいいの？　みんなに好かれる？　嫌われるかも？　契約がこれっきりになったらどうしよう？　そんなことしか考えられなかったのよ。

　それでも、少なくともわたしにはロマンティックなフランス人のボーイフレンドがいました。とてもやさしくて思慮深い人でした。わたしが雑誌『ピープル』のスペイン語版に載った時も、彼は店頭にあるだけ全部を買い込んで、それを抱えて空港まで迎えに来てくれたりもした。なのにわたしは、彼が何をしてくれても、自分は彼の愛には値しないといつも感じていて、彼は浮気するに違いないという不安にとらわれていたのです。

　わたしは、素晴らしいキャリアと素敵なボーイフレンドを持っていたし、そのうえマイアミの海辺近くに素晴らしいマンションもありました。それでも、みじめだったのよ！

　手に入る自己啓発の本はなんでも読みました。ワークショップにも行き続け、アファメーションも実践していました。でも何一つ、わたしを幸せにはしてくれなかったわ。

あの頃のわたしは、見た目はうまくいっているけど、内面はボロボロだったということ。全然わかってなかったのです。今ならわかります。わたしたちはみんな、その時知っていることをすべて使って最善を尽くしているということをね。20代の頃のわたしは、ただひたすら愛されることを願っていました。誰からも愛され、世界全体から愛されることを熱望していました。でも、実は自分は、神聖な愛、変わらない愛、無条件の愛、つまり神の愛を探していたなんて、あの時は全然、わかっていませんでした。しかも、その愛がすでに自分の中にあるなんていうことは！

　幸せを感じられなかったのは、エゴに踊らされる操り人形のように無自覚に生きていたからでした。あのCMの仕事を確保できれば幸せになれる、オスカーを受賞したら幸せになれる、結婚すれば、子どもをつくれば……とわたしに言い続けていたのは、わたしの中の神聖な部分ではなくて、訳もわからず闇雲に駆けずり回るエゴの声でした。解決できない問題が全部わたしの現実を決め、そうした問題はすべて"神との駆け引き"だったのです。愛を探せば探すほど、それは自分からどんどん遠のいていきました。

　1995年、わたしはマリアン・ウイリアムソンの本『愛への帰還』(太陽出版)に出会いました。ちょうどその頃、

ひどい落ち込みを経験中で、マリアンの言葉はものすごい慰めになりました。なかでも一番影響されたのが、『ア・コース・イン・ミラクルズ』(以下『コース』)という聞きなれない本からの引用でした。わたしはすぐにその本を買ったけれど、実際に読み始め、学び出すまでに、それから6年もかかりました。まだ準備ができていなかったのだと思います。

　6年経って、マイアミのユニティ・オン・ベイ・チャーチの本屋さんにいた時のことです。
「『コース』の入門クラスが隣の部屋で始まります」というアナウンスが聞こえました。行ってみたのです。教師はこう言っていました。

「わたしたちは、あらゆる経験を自分で選んでいます」
「わたしたちは誰かの、何かの被害者ではありません」
「愛だけがリアルで、その他はすべて幻想です」

　椅子(いす)から転げ落ちてしまったわ！　ほんとの話。文字通り転げ落ちたのよ。

　わたしが見ているあらゆることの責任はすべてわたしにある、

ですって?
　わたしは世界の被害者ではない?

　教師は続けて言いました。

「『コース』では真のゆるしを学びます。ゆるしとは、実際には誰もあなたに対して何もしていないのだと理解することなのです」

何？　なんのこと？

　みんなの前で起き上がるのはかっこ悪かったけど、それに、教師の言っていることはさっぱりわからなかったけど、それでも、なぜか、わたしは自分の進むべき道を見つけた気がしていました。ものすごくパワフルな感覚が湧いていたのです。
　初めて『コース』に出会ってから20年経ちました。その間に、『コース』を体系的に学べる学校パスウェイズ・オブ・ライト（光の道）から教師の認定書をもらい、集中的に勉強しました。『コース』のメッセージが少しずつ明確にわかるようになってきました。『コース』は、自習形式

で学べるスピリチュアルな思考システムです。学び手がその"内なる教師"――『コース』ではホーリースピリットと呼んでいます――との関係を開いていくのを助けてくれます。世界に対する見方を変えるための助けです。この"見方がシフトすること"が、『コース』が言うところのミラクルなのです。

＊『ア・コース・イン・ミラクルズ』
　邦訳：『奇跡のコース』(ナチュラルスピリット)、『奇跡講座』(中央アート出版社)
　1965年、コロンビア大学の医学部医療心理学科で教授を務めていたヘレン・シャックマン博士がイエスを名乗る声を受け取り、同僚のビル・セットフォード博士とともにメッセージをまとめ始める。2人と同じく心理学者であるケネス・ワプニック博士が編集作業に加わり、その後原稿は、ニューヨーク大学のジュディス・スカッチ教授の手に渡ることとなる。ジュディスは、出版に向け少人数の協力者を募り、もともと持っていた自分の団体名をFoundation for Inner Peaceと変え、1975年、『ア・コース・イン・ミラクルズ』は一般読者に向けて出版されることになった。
　これまでの販売部数は200万部を超え、現在ではたくさんの言語に翻訳されており、読者は年々増え続けている。

 この本の使い方

わたしにとって、『コース』は、わたしたちが内なるパワー

を見つけることができるよう、エゴの呪縛（じゅばく）から自分を解放するための内的なツールを提供してくれるもの。

> 🙶 あなたがするべきことは、愛を探し求めることではありません。愛に逆らうようにあなたが自分の中につくってきたあらゆる障害を探り、見つけることです。🙷 (T-16-Ⅳ-6)

　はっきりさせておきましょう。愛に逆らうようにわたしたちがつくった障害を探り、見つける作業は、決して楽しいことじゃありません。悲しみ、あきらめ、恐れ、喪失といった感情と直面しなくてはならないし、そうした感情すべてに責任を持たなければならないからです。自分が自分にしてきた最悪のアドバイスの代わりに、内なる教師の声を信頼することを学ぶ必要があるの。簡単に言えば、自分を超えるということね。人を操作するのをやめ、自分の望む結果を自分のやり方でなんとかつくり出そうとするのをやめなければなりません。とりわけ大切なのは、"外側に"幸せを探すのをやめること。自分の外に幸せは決して見つからないからなのよ。

　この本はシンプルですが、幸せを生きる方法を簡単に身

に付けられるガイドブックとは違います。幸せにたどりつけるように実践的なスピリチュアルなツールを紹介していますが、わたし自身のこころの旅の話、わたしがカウンセリングした人たちの話もたくさん分かち合っています。何をしたらいいかを伝えるのではなく、あなたの中に答えがあるということを理解できるよう力づけているつもりです。

　それをわかってもらったうえで、あなたにお願いしたいのは、どうかわたしを信頼して！　ということ。それから、自分にやさしくしてあげて欲しい、ということ。この本では、ステップごとに、あなたが自分の正しいマインドに耳を傾けることができるように訓練していける工夫がしてあります。あなたは、いつも自由で、いつも幸せの中を生きているのだということに気づいていくはずです。人生に問題が起きた時でさえ、幸せでいる自分を感じることになるのです！　そんなミラクルをぜひ一緒に経験しましょう。

◆ 目的を決めましょう

　ワークショップを始める時と同じように、わたしはこの本にも1つの目的を与えました。目的は期待とは違います。期待がわたしたちを幸せにすることはありません。たとえ

ば、この本があなたを幸せにするなんて期待しないでください。あなたの外側にはあなたを幸せにしてくれるものなど1つもないのだから。この本も含めてね。わたしがこの本に与えた目的は、あなたが望んでいる幸せをすでにあなたは手にしていて、あなたが気づいてくれるのを待っているのだと、あなたが気づくのを助けることです。

> どんなに熱心にエゴが大声で呼びかけて
> いるように思えても、その声を脇に置こうと
> するなら、そして、あなたの本当に欲しいものなど
> 何も与えはしない、取るに足らないエゴの
> 贈り物を受け入れようとしなければ、さらには、
> 救いとは何かをまだあなたに示していない
> こころを開いて耳を傾けようとするなら、
> あなたは、力の中に静けさを、静寂の中に
> 強さを、そしてそのメッセージの中に完璧な
> 確信を持つ、真実の偉大な声を聞くことに
> なります。(W-106-1)

　この本では、あなたは、自分に欠けていると思っているものや、必要なのにそばにいない人を箇条書きにしていく

必要はありません。でも、恐れ、性急さ、疑いなど、あなたが幸せに生きることを妨げている障害を見つける作業はしなければならないわ。章を進めながら、こうした障害についても詳しく見ていくつもりよ。今は、ただ、あなたの当然の権利である喜びを妨げているものはなんでも手放そうと意欲を持って欲しいの。そうするだけで、自分のやり方から脱して、代わりに神さまの意思がなされるまま、あるいは愛の意図がなされるままにすることができるからです。

　わたしはあなたのスピリチュアルコーチ。でも、実際にワークするのはあなた自身です。今、必要なことは、『コース』が言っているように、"ほんのわずかの意欲"。その他のことは、全部後からついてくるから安心して。今、宣言しましょう、"わたしには意欲がある！"と。さぁ、それでは、一緒に始めましょう！

　親愛なるホーリースピリット

　　わたしはこの本の経験をホーリースピリット、あなたに預けます。期待を手放し、ただ喜んでこの乗り物を楽

しみます。どうぞわたしのマインドに入ってきてください。そしてわたしが見る必要のあることはなんでも見ることができ、わたしが幸せを生きることができるように、どうぞ扉を開いてください。何を読み、あるいはどこを読み返したらいいか、どのぐらい時間をかけて読んだらいいか、わたしにとって最善でうまくいく教えをどのように活用したらいいか導いてください。

---

* 本書には、『コース』のテキストとワークブックからの引用が掲載されています。引用文の後の括弧内のTはテキスト、Wはワークブックを指し、それぞれの略語の後に記載されている番号は、引用元の章、段落、文章を指します。

Contents

ホーリースピリットとは	1
イントロダクション	3
わたしはどこから来たのか	5
何？ なんのこと？	9
この本の使い方	10
目的を決めましょう	12

第1章 あなたは悪くない。天国の扉はいつも開いている

神さまって誰？	24
どうやって愛のふれあいを失ってしまったの？	26
どうしたら問題を解決できるの？	30
知覚をシフトしてみよう	32
Lesson1　あなたの"駆け引き"と向き合う	35

第2章 あなたはあなたが考えている自分ではありません

あなたの幸せは内面からやってくる	42
エゴの4つのトリック	44

エゴのトリック1："べき、はず"の数々	45
エゴのトリック2：過去へのこだわり	47
エゴのトリック3：身体へのフォーカス	48
エゴのトリック4：あなたの幸せは、"外に"ある	50
止まって、見て、聴く	52
Lesson2　エゴを解放する	54

第3章　あなたは独りではありません

なぜあなたは独りではないのか	64
独りぼっちとその反対を経験する	66
ホーリースピリットにどう耳を傾けるか	70
あなたでないものを手放す	73
Lesson3　不平不満を解放する	74
Lesson4　今、この瞬間と共にいる	78

第4章　あなたはあなたの人生の愛そのものです

あなたの感情に気づく	86
ゆっくりとした死から目覚める	90
幸せになる準備完了	93

| Lesson5 | 人間関係を違った見方で見てみる | 96 |
| Lesson6 | 愛に気づく | 100 |

第5章 Fワードを実践する時

批判は、殺人と同じ	108
真のゆるしとは何か	111
いつゆるすのか	113
Lesson7 ゆるしのプロセス	117
Lesson8 コミットメントの手紙	124

第6章 あなたは恐れ知らず

恐れの声	129
ラファエル：新しい声を聴く	133
Lesson9 恐れを減らすマントラ	136
Lesson10 恐れをなくすための7ステップ	
7日間の練習	143

第7章 あなたは罠にはまっていない、大丈夫

想いにどんなふうに縛られているのか	153
安全圏＝非幸せ地帯	156
強迫的心配性が、わたしたちを動けなくする	160
Lesson11　停滞から脱する瞑想	163

第8章　あなたの準備が進んでいます

小ささって何？	175
偽の豊かさ	177
真の豊かさって何？	178
自分の豊かさに気づく	180
Lesson12　豊かさの祈り	183

第9章　あなたの幸せを生きましょう

過去の信頼vs新しい信頼	195
新しい信頼がわたしの人生を変えた	198
信頼に飛び込む	201
Lesson13　幸せプラン	205

訳者あとがき　210

第 1 章

あなたは悪くない。天国の扉はいつも開いている

> 苦しむことは幸福ではなく、
> あなたが本当に望んでいるのは幸福です。
> （W-73-6）

人の期待にこたえようとして苦しんだことが、あなたにもあるのではないかしら？

　わたしにももちろんあるわ。たとえば、18歳の時でした。カトリック教会の合宿に参加して、そこではみんなが自分の罪を懺悔するのが当然と思っているのを知って、文字通り固まってしまいました。そんなことありえないじゃない。だって、わたしは罪人ではないし、もしそうだったとして、どうして他人である司祭さまに告白しなきゃならないの？

　結婚前にセックスをすべきではないとか、同性を好きになるのは間違いだとか、そういうことを教える講義に出たこともあります。バカバカしい、とこころの中で笑っていたわ。

　両親はそれぞれ違う宗教を信仰していました。父は長老派教会、母はカトリック教会。教会で聞いたことは全然しっくりこないと言うと、両親は、大人になったら自分で自分の宗教を選べるのだから心配無用、と答えてくれたの。それはわたしにとって大きな救いでした。それはつまり、両親とも、わたしがすでに自分の真実を知っているとわかってくれているということだから。

　そう、わたしたちはみんな、もともと自分の真実を知っ

ているのです。ただ時々忘れてしまうだけ。こころの中にあるその真実を覚えていられないのは、ほとんどの場合、罪悪感が邪魔をしているのです。

　罪悪感——わたしは十分ではない、という思い込み。わたしの中には悪がある、わたしは汚れている、という信念——それはわたしたちのこころに巣くう寄生虫のようなものです。それは、わたしたちのエネルギーを餌食にして、わたしたちが幸せになるのをゆるしません。

　わたしは、生徒やクライアントが、過去に自分が行ったことに対して重い罪悪感を抱えていて、その結果、自分は基本的に悪い人間だと信じるようになったと話すのをしょっちゅう聞いています。曰く、「嘘をついた」「ズルをした」「家族から離れてしまった」。曰く、「早すぎるカミングアウトをした」「もう他の人とは違ってしまった」。

　わたしたちが罪悪感を持つのは、実は、そうした理由からではありません。別の、たった１つの理由があるのです。

　その理由とは、わたしたちが、「神から分離してしまった」と考えたこと。と言っても、なんのことやらわからないかもしれないわね。わたしも最初はそうでした。

　でも、どうか、今はただ、わたしを信頼していて欲しいの。理解してもらえるよう、話を進めるつもりだから。

問題はいろいろあるように見えるけど、「神から分離してしまったという信念」、これだけが、わたしたちを幸せから引き離す唯一の問題なのです。

 神さまって誰？

『コース』はこう言っています。
「神とは愛。だからわたしも愛。あなたも愛」

　わたしたちの源は、純粋な愛だと言っているのです。神とは、罰を与えたり、罪を懺悔するように求めたり、特定のことを信じよと言ったりする存在ではなくて、愛そのもののことだ、ということです。
　愛が自分から遠く離れたところにあるような気がすることがあるでしょうね。そして愛から離れた自分を責めてしまうことも。
　そのように、神、すなわち愛の源から自分が分離してしまったと信じると、離れているみじめさや孤独感だけでは罰は十分ではなく、次々と罰がやってくると恐れ始めることに。そして、自分が罰を受けるはずだと思い込んでいるので、自分で自分を罰するというおなじみの習慣が戻って

きます。解決不能の問題は、そうやってつくりだされます。

　それは「一大駆け引き」ね。自分で自分をこんなに苦しめ罰しているのだから、神から分離してしまった過ちを償えるだろう、と信じて行う駆け引きです。それでどうなるかというと、駆け引きの最中に、問題の端緒はどこかに消えてしまって、目の前に掲げた問題、自分を罰するため、苦しめるためにつくり上げたあれこれに取り憑かれてしまうのです。

> ❝あなたは、あなたが思っているような理由で動揺しているのではありません。❞（W-5）

　そうやってわたしたちは、さまざまな幻想の世界をつくり上げているのに、自分ではまったく気づいていないのです！　自分でつくった苦しい世界でなら残酷な神から隠れられると信じていて、同時に、自分でつくった罪悪感につきまとわれているわけです。

　さて。こころにそんな罪悪感を抱えるのは楽じゃないわね。そこでわたしたちは、どうすると思う？　それを「誰かのせい」にして、その「誰かを責める」ことで、少しでも楽になろうとするのよ。覚えがない？

　こころの中の罪悪感を世界のあれこれに映し出すこと、

つまり、「投影」をするのです。そうなると、事は本当に厄介。投影のおかげで見えるものは、不幸、裏切り、犯罪、戦争……きりがありません。そのようなあれこれこそが自分のみじめさの原因だと思い始め、大小さまざまの葛藤(かっとう)がこころに起きて、身動きできなくなります。自分で解決できるとはとても思えなくなるの。その葛藤が、神に背を向け、愛のふれあいを失ったと信じていることからきている、という事実は、どこにも見えなくなってしまっています。それが、通常のわたしたちの姿なのよ。

◆ どうやって愛のふれあいを失ってしまったの？

　最初は完璧な幸せがありました。この幸せの状態を、比喩(ひゆ)的にエデンの園と呼ぶことがあるけれど、そうね、こころがまったき祝福の中にある状態、と言ってもいいかしら。そう、エクスタシー！　よね。批判や悲しみ、怒り、嫌な感じがこれっぽっちもない状態。愛だけがある、という状態。そんなエクスタシーの後に、とてつもなくバカバカしい考えが、ムクムクと湧き上がってくるわけなの。「愛だけじゃないんじゃない？」「他に何かあるんじゃない？」そのように疑いが始まり、

❝ それ以来、誰も、何事にも確信を持てなくなりました。❞ (T-3-V-1:2)

一体、その疑いはいつ始まったのでしょう。
その答えは、「ほんのちょっと前」よ。

これまでに、それは数え切れないほど起きました。でも、一番大事なのは、ほんのちょっと前に起きたこと。なぜって、最も大事な時間は今なのですもの。わたしたちはいつも、神から自分が離れていると感じていて、だから自分の本質である愛からも自分自身を切り離しています。そうやって、痛みのある世界に居続けているのです。どのくらいの年月そうだったの？ いつからそうなっちゃったの？ そんな愚問に時間を費やす真似はやめましょう。大事なのは今なのだから。

今、あなたが、分離の世界という罠(わな)にはまったままでいるのではなく、自分の幸せを生きたいなら、あなたは、困難な取引をつくり出し、分離の状態に自分をとどめているのは自分だということを理解しなければなりません。

税金が払えない。
　政治が悪い。
　この世の体制は不公平。わたしに不利なことばっかり！
　あんな上司の下では働けない！
　彼がメールをくれない。
　仕事がなかなかもらえない。

　そういう問題がリアルだと信じると、自分のパワーを捨てることになってしまいます。まるでそうした問題は自分の外で起きていて、自分に襲いかかっているかのよう。来る日も来る日も心配に苛まれ、不眠症にもなるはずよね。
　だって本当に問題が起きているのよ！　とあなたは言うかも。なんとか対処しなきゃ。今すぐに！　って。
　物事の、目に見える形をやり過ごし、もっと大きな構図を見るまでは、わたしもそんなふうに感じていました。問題の形だけを見て、その形を信じ続けると、心の穏やかさはいつまでも失われたままで、それを取り戻せる時は来ないのだと、少しずつ気づくようになったのです。
　でも、喜んでほしいの。あなたは、神から、そして本当の自分から、自分自身が分離してしまったと感じているかもしれないけれど、実は、わたしたちはみんな、今も神と

共にあり、神の中にいるのですから。わたしたちの父、神は、わたしたちをとても大事にしてくれています。この病的で、哀れで、鬱々としているこの世の中を、わたしたちの現実にはしないで、わたしたちを抱きしめてくれています。本当よ。あなたはいつも愛されて、抱きしめられているの。自分が学び、成長するためには苦しまなければならない、と神に命令されていると感じている人もいるかもしれないけれど、愛ある親がその子に苦しみを望むはずはないのです。

　ところで、神とは、どこか遠くにいらっしゃる聖なる人物で、玉座に座って、誰かにご褒美をあげたり罰を与えたりしている存在などではありません。神とは、単に、完全な愛の能力のこと。そしてわたしたちそれぞれのこころにあるもの。だから、神を忘れるというのは、わたしたちが本当に自分が誰なのかを忘れるという意味なのです。そして、自分自身を忘れるということは、「愛の目」で見ることを選べるのに、「恐れの目」を通してあらゆるものを見ているということです。誰もが恐れの目でまわりを見ているように見えるかもしれないけど、だからって、あなたも同じようにしなければならないわけではないわ。

どうしたら問題を解決できるの？

　問題の解決のしかた？

　答えはとてもシンプルです。

　問題がない場所を探していたのだと気づくのが、まず最初よ。問題は、あなたの"外側"にあるのではなく、こころの中にあるのです。外にあると信じていると、問題の数はどんどん増えていきます。そしてどんどん深刻になります。しまいには、生きているのが地獄になる！　地獄って、神が、悪いことをした人間を送り込むところではなく、「今この瞬間に、幸せじゃない」ことなのです。幸せを生きるためには、自分がやっている駆け引きを直視して、それを許して手放さなくてはなりません。つまり、自分に言い続けているくだらないことを全部やめること！

　自分の経験は、例外なく、自分でつくり出しているというのが単純にして明瞭(めいりょう)な事実です。それを受け止めれば、あなたは、よい経験を積み始めることができるというわけです。

　わたしの例を話すわね。

　2009年、結婚4年目。わたしは離婚経験者の1人に加わ

ることになりました。襲ってきたのは、もちろん、深い喪失感と悲しみでした。でも、わたしは、そういう感情を、否定しないで、たくさん自分に泣かせてあげ、感情を吐き出すことをゆるし、叫び出してもやめませんでした。そして、離婚の痛みを癒すために、先に述べたパスウェイズ・オブ・ライトという『コース』の学校に通い始めたのです。そこで、自分の感情を内なるガイダンスに預けるということを学びました。

「ああ、一大事！　離婚よ、独りぼっちよ、人生終わりね」というパニックから、そこで解放されたのです。感情を受け入れ、より大きな存在、つまり神にすべてを預けることを通して、この、離婚の痛みという「一大駆け引き」を手放すプロセスが始まったのです。自責の念と自己憐憫に浸って不幸を嘆いている時、自分で自分を癒すなんてできっこないわね。内なる助けがどうしても必要です。そしてわたしは、その助けを受け取ることを学べたので、離婚という羽目になったのは自分が間違っていたからだ、なんていう自滅的な考えに陥らずにすんだのでした。

知覚をシフトしてみよう

『コース』は、奇跡とは、知覚がシフトすることだと定義しています。つまり、物事を、違った見方で見ると決めること。わたしは、離婚の痛みを自分に感じさせてあげたことで、離婚をどのように見るか、見方をいくつか選ぶことができました。

　どんな見方を選んだかって？

- 離婚によってどれほどわたしが成長したか、どのくらい謙虚になったか、自信をつけたか、ということに焦点を当てる
- 真のチームワークとは何かを離婚が教えてくれた、と見る
- 夫の幸せのために、進んで彼を手放すことが、愛するということなのだと見る
- 結婚生活で、2人ともより成長できたと見る
- 共に成長したのだから、共に愛を世界に差し出す能力があると感謝する

　何よりも、わたしが離婚という事態を使って神と駆け引きし、そこで得た最も美しい贈りものは、生まれてきた目

的に出会ったことでした。離婚によって、真剣に癒しを求めたことで、『コース』に出会い、学んで、『コース』の教師になったけど、離婚前にはそんな人生プランはどこにもなかったのよ！

　スピリチュアルな生き方のレッスンで、何をどのように学んだかって？

　それは、一見困難で悲惨に見える出来事の中に、実は、類稀(たぐいまれ)なギフトが隠されているかもしれないということです。

　奇跡を見つけたいなら、あなたの中のまだ癒す必要のある暗闇(くらやみ)に直面すること！

　なぜなら、あなた自身が愛の存在だと気づくのを邪魔しているもの、あなたの内なる神に気づくのを妨げている障害を手放すレッスンをさせてくれるから。人生の最難関のチャレンジの中にさえ、"聖なる秩序"があるのがわかるから。その秩序が見られるように、物事の見方に奇跡的なシフトが起こるままにさせる必要があり、そうすることで、あなたの幸せを生きることができるのです。

　離婚は、わたしにとって、とても大きい駆け引きでしたけど、小さい駆け引きでも、大切なことを教えてくれることが多々あります。

　ある日、国税庁から手紙が届きました。「法人税の支払

い遅延。追徴金を算出中」「支払い拒否か、支払い期限に間に合わなければ、罰金、銀行口座差し押さえ、場合によっては刑務所行き」。以前のわたしだったら、ぎゃーってまず叫んだでしょうね。でもその頃のわたしは、動揺しないレッスンを積んでいました。

　恐れで反応する代わりに、落ち着いて机に向かい、提出期限を知らなかったこと、法人税の申告が個人の税金の申告よりずっと早い時期だということを会計士から知らされていなかったことなど、事実だけを説明した手紙を国税庁に送り、その後は心配するのをやめました。そして、2ヶ月ほど経って、「初めての違反に対しては、罰金は科せられません」という知らせを受け取ることになったのです。わたしが恐れに陥らなかったので、国税庁の態度が突然ナイスに変わったのよ。

　ここで注目して欲しいのは、結果がどうであれ、幸せでいることが鍵だということ。国税庁から悪いニュースが来たとしても、本当の問題はこころの内側にあると思い出して、これが大きな駆け引きだという考えを手放し、その後はすべきことをただ喜びのうちにすればいいのです。

　要するに、何が起きようと、幸せなダンスはやめなくていい……ダンスを続けましょう！

Lesson 1

第1章 あなたは悪くない。天国の扉はいつも開いている

あなたの"駆け引き"と向き合う

　恐れ、欠落感、不安、等々、あなたを苦しめる"嫌な"感情を全部書き出してください。始めるにあたって、まず自分に3つの質問をしてみましょう。

1. 今、自分が経験している問題は何？
2. どんな結果になるのを恐れているの？
3. どんな考えがあなたを悲しませる？

　答えを書く時、以下の4つのルールを守ること。

1. 手を加えないで、できるだけありのままに、正直に書く
2. 本当に感じ、考えていることに対し、あまり"スピリチュアル"になりすぎない
3. 自分にやさしくある
4. プロセスを信頼する

　わたしのところに相談にこられた方の中には、こうした

ルールが苦手な人が大勢います。特に2番目。スピリチュアリティにどっぷり浸っている人にとって、これはチャレンジ。そういう人たちは、感情に直面したくなくて、こんなふうに言うのです。

「それはもう過去の話。今は祈っているし、瞑想もしているから大丈夫なの」
「わざわざ嫌な感情を蘇らせるなんてナンセンス」
「醜い想いは見たくありません。それは本当のわたしじゃないから」

でも、感情をカーペットの下に隠してしまうことは、スピリチュアルでもなんでもないわ。幸せなふりをすることと本当に幸せだということは同じではありません！

◆ 大事なポイント

- 社会からの期待と個人的な罪悪感が合わさって、わたしたちの苦しみになる
- プレッシャーと罪悪感が合わさって、問題が、あたかも手に負えないように感じる

- 問題はたった1つ。それは、わたしたちが神から、本当の自分自身、つまり愛から分離しているという考えのこと
- いくつもの問題を、解決不可能な駆け引きにすることで、分離したまま不幸を続けている
- 問題解決の鍵は、問題が自分の外にあるのではなく、自分のこころにあると気づくこと
- 駆け引きを違った見方で見る選択がある。知覚をシフトさせると決めることを、『コース』では、ミラクルと言う
- 問題を違った見方で見るためには、まず問題を抱えていることに正直でなくてはならない。同時に、自分にやさしくあること、スピリチュアルになりすぎないことが大事

第 2 章

あなたは あなたが考えている 自分ではありません

――

❝あなたが最も聞くのを恐れているのは、
このことです:わたしが誰か、わたしは知らない。
だから、自分が何をしているのか、どこにいるのか
を知らず、この世界を、そして自分自身を
どのように見たらいいのかも知らない。❞

(T-31-17:6-7)

この世界は、愛の目で見ることもできるし、恐れの目で見ることもできます。どちらを選ぶかは、わたしたち次第。この選択こそ、日々の生活の一番の基本です。『コース』では、このことを、ホーリースピリットの思考体系かエゴの思考体系か、どちらを選ぶかを決めることと言っていますが、それについてはまた後で詳しくお話しします。

　実を言うと、わたしたちのほとんどが、エゴ、つまり恐れの見方を選んでいます。だからこの世界は、その通りに恐るべき場所になっています。この世で、わたしたちはみんな、離ればなれ、人は結局孤独で、大した価値もなく、しかも汚れている……これはどれも、わたしたちのこころの目の見方の結果なのです。

　わたしはエゴの声を、寝言と呼んでいます。こころの中の、心配と批判と恐れの部分、不平不満を握りしめている寝ぼけた空言(そらごと)のことよ。その声は、わたしたちの幸せを抹殺するために発せられています。でも心配しないで！　わたしたちには、エゴとは正反対の考え方ができるのです。わたしたちのこころの中には、内なる教師、ホーリースピリットがいて、幸せとは、わたしたちの生まれながらの権利だということを、わたしたちが思い出すよう助けてくれています。助けるチャンスを待っています。自分自身に自由を

選ぶパワーがあるのを忘れていたとしても、ホーリースピリットのおかげで、愛を選ぶ機会はいつも与えられているのです。ホーリースピリットは忍耐強く、親切なので、決してあなたから離れることはありません。道を逸れてしまっても、また元に戻ってくるのを待っていてくれます。

　エゴの寝言に誘いかけられて、わたしたちはつい幸せから外れてしまいます。エゴは、2つの矛盾した考え方が同時にあるのは普通のことだとわたしたちに思わせるの。1つは、自分は無価値、愛されない、十分ではないという考え。そしてもう1つが、自分には全然ふさわしくないけれども、それでもなんとなくこの世界の中で幸せを見つけるだろうという考え。そんなふうにして、エゴは、完璧な仕事や人間関係をなんとか見つければ、幸せになるだろうとわたしたちに思わせるのです。銀行の口座にどっさりお金が入っていれば、大学を卒業したら、昇進したら……幸せになるはずよ、などと。

> " エゴのルールは、「探しなさい、でも見つけてはならない」というものです。それは、「学ぶ努力をしなさい、しかし、修得してはなりません」と言い換えることもできます。" (T-12-Ⅴ-7:1-2)

エゴの思考体系では、幸せをつかむ勝算がまったくないのは明らかなのです。

◆ あなたの幸せは内面からやってくる

わたしたちは2人の教師から選ぶことができます。どの思考体系を選ぶかによって、地獄（エゴが連れて行きたい場所）に住むのか、あるいは天（ホーリースピリットの居場所）に住むのかを決めることになります。天国も地獄も、死んでから行く場所ではないと覚えておいてね。どちらも、今のこの瞬間に、わたしたちが経験するこころの在り方なのです。わたしたちは選んだ通りにその在り方、自分の存在を経験します。

> " あなたが描く世界は、自分の内に何があるかを
> 忠実に映し出しているにすぎません。
> 光であれ暗闇であれ、その源を自分の外に
> 見つけることなどできません。" (W-73-5)

離婚する時、わたしの元夫は怒りを存分にぶつけてきました。わたしのエゴはすぐに反応しました。この人、何様

だと思っているのよ！　なんて嫌なやつ！　かわいそうなわたし！　悪いのはそっちでしょ！　慰謝料を払うべきなのはあなたよ！　しばらくして我に返り、自分の考えていることがどこに向かっているのかに気づいたわ。わたしは祈りました。

　ホーリースピリット、悲しくてたまりません。わたしの考えがわたしに痛みを与えているのはわかっています。わたしが間違った見方を選択をしていることもわかっています。ですから、今、もう一度選択し直したいのです。ホーリースピリット、どうか助けてください。わたしが、こんな苦しさの代わりに平和なこころでいられるように。わたしは平和を求めます。

驚いたことに、静けさはすぐにやってきました！　笑ってしまったくらいよ。わたしが考えていたことは、わたしのエゴからやってきただけで、それをそのまま鵜呑みにする必要はなかったのだとこころの底から理解しました。

どんなことでもあなたがあなたのこころに受け入れたことがあなたにとっての現実になります。それをリアルにするのはあなたが何を受け入れるかだけです。

エゴの４つのトリック

なぜ、わたしたちはエゴの狂気を選んでしまうのでしょう。答えは簡単です。

- エゴが自分だと思っているから
- どうやったら、自分がエゴではないと信じることができるか、その方法を知らないから
- わたしたちのマインドは訓練ができていないから

わたしたちは内面の善良な資質を忘れているので、エゴの言うことを信じてしまいます。ホーリースピリットは、わたしたちに真実を思い出させてくれるマインドの部分で、愛そのもの（神のことでもありますが）によって創造されたという真実を思い出させてくれます。ホーリースピリットはわたしたちが神とつながることができる直通ラインなのです。わたしたちは愛によって創造されたということをすっ

かり忘れてしまって眠りに落ちたまま、自分でつくり上げた恐ろしい現実の中で、エゴの寝言を聞いています。ホーリースピリットはこのことを知っていて、わたしたちが望むなら、いつでも目覚められるように手を差し伸べてくれるのです。

　目覚めの鍵は、エゴのトリックを理解すること。つまり、わたしたちが自分自身に対して仕掛けているトリックを。そのうちの主要な4つを見てみましょう。

◆ エゴのトリック1："べき、はず"の数々

　エゴにはお気に入りのテーマがあります。それは、べきである、できるかもしれない、そうあって欲しい、などなどで表されるものです。

「もっとよくできたはず」
「あの仕事が手に入ることもできたはず」
「もしも直観に従っていたなら、物事は違った展開になり、うまくいったかもしれないのに」

　エゴの"べき、はず"という批判は、自分自身を罰する

ことに使われるだけでなく、外側にも投影されます。

「わたしを愛しているなら、あなたはこんなことも、あんなこともしてくれるはず」
「わたしのやり方でやるべきだったのよ。そしたら全部うまくいったはず」
「2人の関係のために、あなたはもっといろいろやるべきだ」

　自分自身であっても、他の人たちであっても、罰していると、エゴのゲームには決して勝てません。最後には自分自身にがっかりし、フラストレーションに押しつぶされるのがオチ。エゴによってプログラム化されたこうした期待があると、幸せにはなれません。だって、あなたが欲求不満を感じている本当の原因に気づく代わりに、相手がすべきことについてあれこれ悩むのに忙しいのですから。本当の原因はあなた自身なのに。
「期待する」というのは「愛していない」ということ。これがわかるかしら？　期待は愛とは正反対のものです。他の人たちがその人のままでいるのを許さず、その代わりに彼らがどうあるべきなのかとあなたが考えていることを相手に押しつけているだけです。これはエゴのトリックで、

いつでもあなたを地獄へと追いやります。だから、わたしたちは、期待を手放し、信頼して、自分のマインドを癒すことに全意識を向けなければならないの。信頼は幸せに生きるうえで欠かせないものだから。信頼については、後で詳しく話すわね。

エゴのトリック２：過去へのこだわり

エゴはわたしたちを過去に縛りつけるのが大好きです。わたしたちがいかにこれまであらゆることに失敗してきたかをくどくどと並べ立て、もっとうまくやれたはずなのに！と責め立てます。まるで、過去の数々の間違いが罪悪感をつくっている源のように思えてしまうけど、本当は、第1章で説明したように、罪悪感は常に分離の選択から始まっているのです。愛を探しながらも、実際には愛を恐れているので、愛とは反対のものでいいことにしているのよ。

たとえば、恋人と別れることになった相談者がかつてこんなことを言いました。
「ものすごく愛しているということを彼にわかってもらうためにしたことの数々、あれが全部間違いだったのね！」

彼女の言う"ものすごく愛していると彼にわかってもらうための態度"というのは、彼の元彼女が彼にまだ気があるのを知ってあからさまに嫉妬(しっと)を表したという意味でした。もし嫉妬をこころに隠していたら、嫉妬などしていないふりをしていたら、2人はまだ一緒にいられたかもしれない、と彼女は後悔していました。このような後悔は、エゴの妄想的な思考体系のいい例です。もっとうまくコントロールできたはず、と考えるたびに、本当の愛など不可能で、足りないものをなんとか埋めるようにコントロールしながらやっていくしかないという信念を自分に植えつけるのです。

◆ エゴのトリック3：身体へのフォーカス

エゴは分離を信じています。その最たる証拠が身体で、わたしたちはそれぞれ別々で、互いに異なり、したがって一人一人が特別であることを示しています。身体に仕えるために、身体をお手入れし、気を紛らわすものを探し、身体を通しての快楽を見つけるというのがエゴの何より大事なお仕事。実際、わたしたちは身体をできるだけ大切にすることを通して幸せが見つかると信じる傾向にあるけれど、同時に、身体は非常にしばしば"問題の中心"になります。

特に、身体を通して充実感、目的、そして親密感を見つけようとすると、なおさらに。

たとえば、素晴らしいセックス。悪いことのはずがない。でも、どのぐらい自信を持ってセックスは素晴らしい！と言えるかしら？　埋め合わせのセックスとわかっている相手とセックスした後では、あんなに嫌な気持ちになったじゃない？

わたしの場合、結婚している間は身体的な親密感が大きな問題の1つでした。だから離婚後はわたしが望むものといえば、セックスしかなかったの。わたしのエゴは、セックスを十分にすればもう一度幸せになれるとわたしに確信させようとしました。でも、そうやって"漁って"も、悲しみしかもらえなかったわ。オトコの家から車を運転して自分の家に帰る途中、よい気持ちはほんの一瞬で、しばらくするとむなしさしか残りませんでした。

今、身体についてのわたしの経験は昔とはまったく違っています。誰か他の人の身体を通して愛を見つけようとする代わりに、愛を差し出すために身体を使っているから。繰り返していいかしら。

わたしはわたしの身体を、愛を差し出すために使います。

この身体を使ってわたしはどのように奉仕したらいいですか？　この身体を通してわたしはどのように奉仕することができますか？　わたしはいつも自分に尋ねています。
　今や、わたしはこの身体を使って、他のティーチャーたちと協力して、講演会やワークショップを主催しています。わたしの身体は、わたしの本質ではなく、1つの道具です。身体は、わたしと他の人たちに仕えるためにあるので、身体のためにわたしたちが仕えるわけではないのです。

エゴのトリック4：あなたの幸せは、"外に"ある

　エゴがショーを繰り広げている時、あなたは自分から何かを起こさないではいられません。たとえ、それがあなたに危害を加えることだとしても、世界を操作して、欲しい状況をつくり出そうとします！　お金を十分稼げないと、ぴったりの相手が見つからないと、あるいは完璧な仕事が見つからないと、おまえは幸せでないし、自由ではないぞ、と、エゴは常にあなたの耳にささやくの。ささやきといっても、実際にはかなり大きな声よ。"ステージ・ウィスパー（観客に聞こえるように言う声高の脇ゼリフ）"という、舞台演劇の

用語にちょうど当てはまる感じ。もしエゴの言っていることが本当なら、物質的なレベルで"すべてうまくいっている"人たちが、同時にアルコール依存症だったり、薬物依存症だったり、あるいは自殺したくなるほど鬱状態だったりするという話をそんなに頻繁に聞くことはないでしょうね。"外の世界"にあるものであなたに自由や幸せを与えるものは何もありません。あなたはもうそれを持っているのです。完璧な神の子として、幸せはあなたの神聖な権利なのです。

　エゴのトリックを理解することは必須科目。エゴがどのようにして恐れを映し出すかがわかるから。理解していれば、マインドの中でエゴが騒ぎ始めたらすぐに気づくことができます。わたしたちの間違った想い、ネガティブな想いはなんの役にも立ちません。だからそんなものは全部、預けてしまうことができるように、わたしたちの内なる教師、ホーリースピリットとの関係を築かなければなりません。幸せに生きたいなら、これこそがあなたのお仕事なのよ！

　自分はエゴの想いではない、自分は決定をする人であり、異なる考え方を選ぶことができる、と思い出すチャンスは毎日あります。

> 毎日、毎時、毎分、そして刻一刻、あなたは十字架か復活か、すなわちエゴかホーリースピリットか、どちらを採るかの決断をしています。エゴは罪悪感を選ぶ選択、ホーリースピリットは罪のなさを選ぶ選択です。
> （T-14-Ⅲ-4:1-2）

◆ 止まって、見て、聴く

　本当の自分が誰であるかをどのようにして忘れずにいられるのでしょうか。

　まずは、自分の想いに気づくことから始めましょう。このショーを繰り広げているのは誰なのかを知りましょう。エゴの寝言と、本当の想いを判別できるようになるためのレッスンです。

　わたしが使っているやり方を紹介するわね。

1. 止まる：深呼吸を1回し、ちょっと停止して、自分が何を考え、何を感じているのかに気づく。マインドがネガティブなおしゃべりに振り回されていると気づいたら、ただちにそ

れをやめる
2. 見る：自分の思考パターンに注目する。そして考えるスピードを緩める。まともじゃないエゴの声が内なる知恵を妨げていることに気づくようになる
3. 質問して、耳を傾ける：困難な状況や困難な人を別の見方で見ることができるようにお願いする。エゴの声は静かになり、ホーリースピリットが、どうやったら物の見方を変えることができるかを教えてくれるのが聞こえ始める。幸せをもたらす洞察を受け取れるようになる

　これで、レッスンの準備ができました。本当の変化は、実際にやってみて初めて起こるもの。わたしたちはマインドをふわふわ漂わせすぎる傾向があるから、マインドを律することを身に付けることが苦しみを終わらせる鍵です。次に挙げるレッスンをマインドのエアロビクスだと思ってください。

Lesson 2

エゴを解放する

　第1章でつくったあなたのネガティブな想い（"あなたの駆け引きと向き合う"レッスン）のリストを出してください。このレッスンでは、ホーリースピリットを信頼し、このリストを預け、そして導きを受け取ります。これは"スピリチュアル"になるレッスンじゃないことを覚えておいてね。ただ正直に、無防備になる練習です。自分のネガティブな考えを敢えてもう一度見直すのはこころが痛むかもしれないわ。冷や汗が出て、泣きたくなるかもしれない。でも、投げ出さずに、自分の気持ちを感じてみましょう。吐き出したいことがあったら、吐き出してしまいましょう。自分は今、助けを求めているのだということを思い出して。ここで、あなたのマインドにホーリースピリットの愛のパワーを呼び込むの。

　最初に、このネガティブでバカげた想いのリストをもう一度見直し、ノートに以下を書き出します。

「ホーリースピリット、どの項目もどういう意味なのかわ

たしにはわかりません。これを違う見方で見たいのです。なぜなら、わたしは幸せになりたいから。こうした恐れをすべて、ホーリースピリット、あなたに預けます。どうぞ道を示してください！」

こう書いた後、ホーリースピリットがあなたの願いを聞き、道を示してくれることを信頼して、やってきた思いや考えを自由に思うままに書き始めてみてね。書いていることが意味をなさなくても気にせず、ただ書き続けて！　必要なだけ時間をかけてかまわない。まったく新しい癒しの考えがやってきて、驚くかもしれません。いずれにしろホーリースピリットは優秀で、パワフルで、あなたをがっかりさせることは絶対にないから。

わたしがどんなふうにこのエクササイズをしたか、紹介しましょう。わたしの"エゴのわめき声"は次の通りでした。

- 4回もオーディションを受けたのに、1つも仕事にはつながらなかった！
- 自分が思っていたようにセリフを言えなかった！
- 舞台専門のエージェントがいたのに、舞台関係の仕事のオー

ディションが1つもこなかった。テレビやラジオの司会者専門のエージェントもいたのに、司会のオーディションにもめぐまれなかった
- わたしが好きになれそうな人と会えなかった
- クリスを好きだとしても、わたしを養うためには彼はお金がなさすぎる
- どうしてもっと素敵な場所に住めないのか！
- 悲しい、さみしい。好きな人がどうして見つからないのか
- 二度と結婚できないのでは、母親になれないのではないか、と思うと、胸が張り裂けそう。自分は母親になれると思っていたのになぜ？　どうして他の人たちは子どもを持てるわけ？　わたしにはそのチャンスさえないわけ？
- 自分に価値があるとは思えない
- 自分は愛されない人だ

　こうした憤慨をノートに書きつらねた後、それをホーリースピリットに預け、そこで受け取ったメッセージは次の通り。

- 起きている物事を何か違うものに変えたいと思うことがあなたを悲しくさせる。受け入れ、そしてそのままで完璧なのだと知りなさい。ちょっと想いを変えるだけで、気分がすぐよ

くなるから！
- 男女関係がないのは、実は苦しみからの救いです。神の愛を体験することができる唯一の方法は、今、この瞬間にシングルのあなたでいるということです。あなたの学びにとって、それがベストの道なのです。今は癒しの途上にあり、そしてわたしがあなたと一緒にいますよ
- ソフィーとサーシャが、今この居間にいます。あなたは、今はこの毛むくじゃらな2匹のお母さんです
- 自分に対して忍耐強くありなさい。自分自身を愛しなさい。すべてうまくいくようになっていますから、信頼しなさい
- あなたが本当に望むなら、幸せを感じることができます。あなた次第です
- 自分のマインドを癒そうと思うあなたの勇気に感謝しています。わたしのもとへ戻ってこようと意欲を持ってくれたことに感謝しています

こうしたエクササイズをすると、明確になることは驚くほどたくさんあるわ。

あなたはエゴではないということ。
肉体でもないということ。

あなたは自分の幸せを選ぶ力のある完璧なスピリットだということ。

　エゴのわめき声を手放すのは、最初は難しいと感じるかもしれないし、ホーリースピリットが答えてくれないように感じるかもしれないけれど、もしそうだったら、それは不幸せが習慣になってしまって、なじみ深いだけなのだと認めてしまいましょう。このなじみ深さが不幸せであることを当たり前にしてしまっています。悪い習慣はどんなものでも取り消すには努力が要ります。それがマインドの習慣であれば、なおさらのこと。ホーリースピリットの返事が最初ははっきりしなくても、耳を傾け続けていましょう（次の章でさらにインスピレーションが来るかも）。時間が経つにつれ、きっと他の考え方、関わり方、そして他の在り方に気づくようになるから。

◆ 大事なポイント

- 恐れの声を聴くのか、それとも愛の声を聴くのか、選択することができる。エゴは恐れの声であり、ホーリースピリットは愛の声である

- あなたの幸せは内面から生じるのであって、"外の世界"にあるのではない
- わたしたちの注意を"外の世界"に向けさせるために、エゴは強力な策略を使う
- 立ち止まり、見て、尋ね、そして耳を傾けることで、エゴのトリックを取り消すことができる
- あなたの問題を違った見方で見ることができるよう助けてくださいとホーリースピリットにお願いすることもできる
- あなたはエゴじゃない。肉体でもない

第 3 章

あなたは
独りではありません

――

> もしあなたが、自分の選んだこの道で、
> 誰があなたの隣を歩いているかを
> 知っていたなら、恐れを
> 抱くことは不可能となります。
>
> (T-18-Ⅲ-3:2)

たった独りで世界に立ち向かっているように感じて、不安と孤独と無力感に立ちすくんだこと、あなたにもあるでしょう？

　"自分だけの"強さを頼みにしていたら、つまり、あなたのエゴの強さを頼りに生きようとしたら、恐れや孤独感を避けるわけにはいきません。エゴはあてにはならないのです。自分をエゴだと思っていると、結局は、自分は無力で独りぼっちだと落ち込むことになります。

> ❝恐れがあるということは、あなたが
> 自分自身の強さに頼っているという
> 確かなしるしです。❞（W-48-3）

　20代の初め、WWF（世界レスリング連合）の仕事が入った時のこと。
　その直前、かなり大きな恐れに直面していました。わたしは、その頃すでに女優であり、テレビ番組の司会者でした。でも実は、自分にまったく自信がなく、いつも不安で、将来の心配ばかりしていました。女優としてこの先もやっていけるだろうか？　成功するだろうか？　これから先の

人生、自分はどうしたらいいのだろうか？　わたしの目的ってなんだろう？　そんなことばかりがこころに渦巻いていたの。疑いが恐れになり、恐れが悲しみになり、悲しみが鬱状態につながりました。両親に、「マリア、鬱なんじゃない？」と言われた時のショック、わかってもらえるかしら。鬱が誰にでも起きるものだなんて、とりわけ自分に起きるなんて思いもよりませんでした。驚いた後は、すごく頭にきたわ。なんで、学校でこういうこと教えてくれなかったのよ！　と。

　わたしは、鬱がどういうものなのかを理解するようになりました。まず第一に、自分は独りぼっちだと感じるのです。物理的に独りぼっちというわけではありませんでした。まわりには愛してくれる両親や大事に思ってくれる友達が大勢いました。孤独はわたしのマインドの中にあって、"全部自分のこと"症候群、つまり、なんでも「わたしが！　わたしが！　わたしが！」症候群が原因でした。これは全部わたしが自分でやらなければならない、なんでもわたしがなんとかしなければならない、あらゆることが大仕事！　簡単に言えば、わたしの人生、わたしの問題、そしてわたしのキャリアがわたし自身を表すものと思っていたのです。

　こんな生き方は楽しくありません。本当に疲れるばかり。

なんでも自分1人でやらなければならないと思っている時は、苦しみや恐れに終わりが来るとは想像もできません！

なぜあなたは独りではないのか

　わたしたちがお互いに"分離している"と感じていない人なんていないかもしれないわね。肉体にとらわれているし、各自が特別な興味や独自の状況を持っているし、みんながそれぞれ別個の存在、分離した存在だというのはリアルに思えます。だから、独りぼっちの自分が弱いと感じるし、自分を被害者と憐（あわ）れむことも多いし、悲しみや病気、究極的には死にとらわれている世界を相手に葛藤しています。分離を確信させる世界に魂を奪われ、わたしたちは1人ではない、という真実をすっかり忘れているのがわたしたちなのです。

　実際には、誰もが内なる神の声を持っている。内なる知恵、内なるガイド、内なる光、あなたの真の自己、あなたの正しいマインド、いろいろな名前で呼ばれている声。あなたにしっくりくる呼び名を使ってください。わたしが相談者と"内なる知恵にアクセスする"セッションを始める時には、彼らの内なるガイドをどのように呼びたいかを聞くように

しています。イエス・キリストという人もいれば、神という人、シンプルに"光"という人もいます。いつでもこの内なる伴走者を同じように呼ばなければいけないわけではありません。時々呼び方を変えてみることだってできます。どちらにしろ、この内なる友達、内なる教師、内なる声は常に愛にあふれ、穏やかで、しかも明快。迷った時には、いつでも幸せな場所へとあなたを連れ戻してくれるのです。

　わたしたちが実は1つの存在だと知っているのは、マインドのこの部分です。ここでは、決して批判しないし、判断しません。ただただ無条件に愛するだけ。何かを"手に入れよう"なんてことには興味なし。その部分はわたしたちがすでに内面にすべてを持っていると知っているから。内なる友に気づいている時、流れるような簡単さと恩恵を経験するはずよ。あなたの問題の解決はすべてこの恩恵の経験からやってきます。経験すると、あなたの1つしかない本当の問題が解決してしまうのです。唯一の問題というのは、昔々、ある時にあなたはどういうわけか自分は神から離れてしまったと考えてしまったことだということは、前にも話したわね。『コース』では、内なる教師、内なる友達のことをホーリースピリットと呼びますが、そのホーリースピリットが、形を伴う世界へのわたしたちの執着を

手放す手助けをしてくれます。手放せば手放すほど、わたしたちは神と1つであるという経験が増えていくの。これを起こるに任せると、あなたの人生が全面的に変わり、感謝や喜びをもっと経験するようになるのです。

> " 神こそが、あらゆる状況において、あなたの
> 安全です。神の声は、すべての状況において、
> また、その状態のあらゆる面で、神自身のために
> 語ります。そして、神の強さと神の保護を頼む
> ためにどうしたらよいかを、正確にあなたに
> 教えてくれます。例外などありません。
> というのも、神には例外などないからです。
> 神の声が語ることと神の思いは、1つの
> ものなのです。" (W-47-3)

◆ 独りぼっちとその反対を経験する

500人以上の若い女性たちを押さえてオーディションに受かったわたしは、WWFの司会者になりました。有頂天になったでしょうねって? もちろん「神さま、ありがとう!」と何度も呟(つぶや)いたわ。人生で一度あるかないかの大き

な仕事だったのですもの。テレビの全国放送だし、とにかく格式のあるイベントなのです。でも、前にも書いたように、わたしは鬱の真っ只中、表面的には大丈夫そうに見えても、内面はボロボロでした。そんな状態でも仕事を獲得してしまったわけです。こう考えたわ。時として、わたしたちは成長のための経験をつくり出すことがある。成長のための経験をするのに、必ずしも幸せな状態でいなければならないわけではない。この仕事がきたのにも理由があったはず。そう受け止めて、わたしは仕事を引き受け、そこから学ぼうとしていました。

　ひどい苦しみにのたうち回りながらの学びになったわ。こうした困難を耐え忍んでいくためには内なるお友達が必要不可欠ということをまだ知らなかったから。競争率の激しいオーディションを勝ち抜きはしたものの、自分はその仕事にはふさわしくないと感じていたのです。わたしのスペイン語はキューバのアクセントで、実はスペイン語にも自信がありませんでした。スペイン語放送では、メキシコのアクセントのほうが好まれるのです。何よりもＷＷＦの試合は生中継でしたし、その場で何か間違えれば、そのままライブで放送されてしまいます。わたしにとっては初舞台だというのに、2万人ものレスリングファンを前に、イ

ヤホンから聞こえてくるディレクターの指示だけを頼りにリングへのスロープを上ったり、下りたりしなければなりませんでした。「マリア、そこを離れて！　リングの横でレスラーたちをインタビューして！　さあ、スロープを選手たちと一緒に戻って来るんだ！」。心臓が今にも口から飛び出しそうだったわ。

　それほどのチャレンジでした。仕事のせいではなく、わたしが自分の力だけでうまくやらなくてはだめだと思っていたからです。この仕事でわたしは50人以上の世界チャンピオンたちのインタビューをしました。エル・イホ・デル・サント、ネグロ・カサス、パピ・チューロ、ザ・ロック、ストーン・コールド、スティーブ・オースティン、それから、そうそう、ミニ・マックスという、小人レスラーもいましたっけ。ショーの筋書きでは、ミニ・マックスはわたしがべた惚(ぼ)れの選手ということになっていました。わたしは注目されていたし、人から見たら十分成功していたのに、わたし自身はこの大がかりな仕事の間中、ずっと不安でほとんど身動きもできないほど緊張していたのです。ツアー中には、ホテルの部屋で膝をついて神に祈り、ずっと聖書を読んでいました。

　あの頃を思い返すと、わたしたちが学び、成長できるよ

うに、時に深い痛みがわたしたちを神の近くへと運んでくれるのだとわかります。スピリチュアルな成熟が進むとともに、そんなにたくさんの痛みなしに、喜びを通して学ぶこともできることもわかってきました。

　2012年の初めに、ロサンゼルス、バーバンクにあるユニティ教会で、スペイン語でスピリチュアルな教えを伝えてみないかと打診されました。レスリングの司会以上にビビったわ！　司祭のような仕事なんて、どうやったらいいかさっぱりわからないし、第一、わたしは司祭でもないし。不安で仕方ありませんでしたが、わたしはこころを開き、その時にはまだ小さかった「はい、受け取ります！」という内なる声に従ったのです。とにかくやってみようと決心して、プログラムをつくり、ミュージシャンを探しました。その間、わたしは絶え間なくホーリースピリットに助けを求め、どんなプロセスでも、常に喜びを感じるということをゴールにしました。初めて講話をした時、緊張しなかったとは言えません。でも、「これは"わたし"のことじゃない。分離した自己のマリア、完璧じゃなきゃいけないと思っているマリアじゃない」と思い出したとたん、緊張はどこかに消えてしまいました。この講話の機会は、わたしたち全員に来ているもの、全員が、愛を差し出し、それによって、

独りぼっちではないという経験をする機会だということを思い出したのです。

　マインドの設定の仕方が自己中心で、**自分が何を得られるか、どうやって相手が自分を好きになるようにさせるか、どうやってこの仕事をキープするか**、というような考えにフォーカスしていると、苦しみが増えます。自分の名を上げようとし、自分のものだと言い張り、個人的な価値を証明しようとして四苦八苦すると、分離が現実に思え、自分自身を孤独やみじめさに追い込むことになります。対照的に、何をしていようと、それを"神の仕事"ととらえていると、自分は何を与えられるだろう、どのように奉仕することができるだろう、自分の行為がどんなふうにみんなのためになるだろう、といった想いに意識がとどまるので、喜びと幸せを必ず経験することになります。この真実を他の言い方で表現すれば、「本当の現実はすべて愛だ」ということなのです。

◆ ホーリースピリットに どう耳を傾けるか

　ホーリースピリットにはあなたが望めば、いつでもどこでも会うことができます。なぜなら、いつもあなたと一緒

だから。わたしたちの内なる知恵は決してわたしたちから離れてはいません。

すぐに真実に戻れる効果的な方法が4つあります。あなたの真実のガイドの腕の中に戻る方法は、これです。

1. 大きな意欲：『コース』は、許すため、マインドを開くためにわたしたちに必要なのは"わずかの意欲"だけで、後は展開に任せればいいと言っている。意欲を持つというのは、変化の可能性にこころを開くという意味だ。わたしの経験では、どんな人でも、大きな意欲から得る恩恵は大きい。わたしたちは意欲を持つより、つい不平不満に気を取られがちなので、マインドを変えるにはいくらか本気の努力が必要かもしれない
2. 平和を選ぶ：あなたが平和な状態でいる時、ホーリースピリットの光があなたのマインドを照らしている。照らしていいと、あなたがホーリースピリットに許可を与えたのだ。どんな状況でもまず平和を選択する必要がある。仕事の面接に臨む時、この仕事をどうしても得なければならないと思う代わりに平和を望む、と考えて、ホーリースピリットと一緒に面接に臨むことが、あなたにはできる。お金を稼が

なければならないと考える代わりに、そうだ、わたしは平和を望むのだと思い出して、ホーリースピリットと共に願うこともできる。あなたの思考の方向を設定し直し、あなたの注意を外の世界から真のパワーが息づいているあなたの内面へと移すことができるのだ

3. サインやシンボルにチューニング：ホーリースピリットは時として不思議なやり方で働きかける。必ずしも大きな"答え"ではないかもしれないが、役に立つ偶然や思いがけない出会い、あるいは歌、映画、本などからの言葉やメッセージは、あなたのその時の人生にドンピシャリのタイミングで重なっているかもしれない。希望や変化を示すサインを見逃さないよう注意していよう。あなたの真の自己は常に見つけてもらう準備ができていて、ホーリースピリットはあなたが探し求めていることに合わせ、とても興味深い指針をくれる

4. レッスン、レッスン、レッスン：常にあなたの内なるガイドに助けを求めていると、スピリットとのつながりがどんどん強くなり、あなたの中の信頼を育てる。自分のやり方を返上し、許しや手放す練習をすると、ホーリースピリットがどんな時でもあなたをガイドするのが簡単になる

あなたでないものを手放す

　独りぼっち、助けがないと感じるもう1つの一般的な原因は、不平不満への執着です。自分が幸せではないと感じる時はいつでも、なんらかの不平不満や憤りにしがみついているものなのよ。誰かを、何かを批判している時はいつでも、不平不満があるでしょう？　ネガティブな執着は無意識のうちに分離の状態をつくり、わたしたちの孤独感をどんどん深めます。これでは不幸と悲嘆が常の人生になってしまいます。生きながら死んでいるようなものと言っていいかもしれないわね。

> 愛は不平不満を抱きません。（W-68）

　あなたでないものを手放す基本的なプロセスを紹介しましょう。あなたの、生まれながらの権利である幸せと内なるパワーを発見できるはずよ。

Lesson 3

不平不満を解放する

　目を閉じ、マインドに深く入っていきましょう。1人ずつあなたが不満を抱いている人を思い起こしてみます。不満の大小にとらわれないようにしてください。どんな不満もあなたのこころの平和を等しく妨げます。それぞれの人をあなたの親友として見ることができるように、こんなふうに思ってみましょう。

　わたしはあなたを親愛なる友とみなします。あなたを光として見ています。あなたをわたしの一部として見ています。あなたの真実を見ながら、わたしはわたしの真実に目覚めます。

それから、あなたのマインドの中で、少し後ろに下がり、あなたが連れてきた人全員が輪になっているのを想像します。みんな手をつないでいます。そこにつくられている平

和を感じてみましょう。愛があなたを引き上げ、あなたは安全を感じています。マインドの中にできたこの真新しい受容の空間に、少しの間、身を任せましょう。しばらくすると、自分がより軽く、より平和を感じていることに気づくでしょう。

このエクササイズを頻繁にやってください。あなたの不平不満を癒す手助けになるから。わたしたちはみんな不平不満や憤慨にしがみつく悪い癖があります。練習あるのみ！

◆ 真実を思い出す

懸念や不安はひっきりなしに顔を出すものね。でも、真実の自分は誰なのかを思い出すことができるのだということを覚えておくと役に立ちます。あなたの内なる真実を経験する1つの方法は、ベストのあなた、最も深い自己の視点からあなた宛てに手紙を書くこと。ゆったりできる静かな場所で書くのがベストです。パスウェイズ・オブ・ライトで『コース』の勉強をしている時にわたしが書いた手紙を紹介しましょう。

親愛なるマリア

　あなたは愛にあふれる完璧な神の子です。あなたの魂は真実を住まいにしています。あなたなら覚えていることでしょう。親愛なる子よ、あなたは制限ある思い込みや過去の絆(きずな)そのものではありません。わたしは今、あなたがどんなしがらみからも自由であるとあなたに思い出してもらおうと思います。あなたの魂は愛らしく、喜びにあふれ、そして平和です。あなたの無条件の愛は、あなたの想像以上に他の人に届きます。あなたは人々を神の目で見ています。それはあなたのギフトです。他の人たちの中に真実を見るように、あなた自身の中にも真実があることを知っています。わたしはあなたを誇りに思います。ずいぶん遠い道のりをここまでやってきましたね。あなたのコミットメントを誇りに思います。わたしはあなたを愛しています。喜びの輪を広げなさい。話すというあなたのギフト、違いをつくるというあなたのギフトを広げ続けてください。あなたのカリスマと美しさは並外れています。それらを、愛と真実を差し出す道具とし

て使いなさい。真実というあなたの立ち位置には計り知れない価値があります。自分のことを過小評価しないでください。時間軸より先を行っているのです。苦しい時間の中、よく自分自身を救ってきましたね。確信を持ってこう伝えることができます。このプロセスを続けてください。うまくいっています、親愛なる子よ。覚醒が起きています。とても誇りに思います！ あなたも自分自身のことを、わたしがあなたを見るのと同じように見始めることでしょう。自信にあふれ、愛にあふれ、親切で、謙虚、そして違いをつくっているあなたです！ マリア、あなたは過去からも、そしてこれから先も自由です。すでにマスターです。大いなる父から一度として離れたことがないと知っているエンジェル、天空から降りてきた天使です。親愛なる子よ、あなたを本当に誇りに思います。覚えていてください。あなたは決して独りではありません。わたしがいつでも一緒にいます。

Lesson 4

今、この瞬間と共にいる

　パートナーがいないから、結婚していないから、家族がいないから、自分は独りだと感じるのだと考えるかもしれません。または世界が自分のことをちゃんと扱ってくれないと感じたり、人生が自分の手には負えないように感じているのかもしれません。すでに話した通り、わたしたちは自分の強さだけを頼りにしている時、不平不満にしがみつく時、そして内なるガイダンスに耳を傾けない時に、自分は独りだと感じるものです。一般的に人気のあるマインドの習慣ですが、こうしたこころのクセを克服するには、そのプロジェクトに取り組まなければなりません。毎日レッスンするとよいエクササイズを、朝用にいくつかと、夜用にいくつか、紹介しておきます。

毎朝

1. **導きをお願いして祈る**：ホーリースピリットにお願いする。

   「ホーリースピリット、あなたはわたしが何をするのをお

望みですか？　わたしがどこへ行くことをお望みですか？
　　　わたしが何を、誰に言うのをお望みですか？」
2. あなたの意図を書き出す：
　　　「今日のわたしの意図は、瞬間、瞬間と共に在ることです」「今日のわたしの意図は、幸せを選択することができると覚えていることです」など。
3. 自分に尋ねる：
　　　「わたしは何を望んでいるのか？　何を感じたいのか？　今日、何を体験したいのだろうか？」
4. あなたの一日をホーリースピリットに任せ、自分自身にこのように言う：
　　　「ホーリースピリット、わたしはこの1日をあなたに捧げます。わたしは安全であり、常に大事にされていると知っているので、この1日をあなたの手にお預けします」

毎晩

1. 平和のために祈る：
　　　「こころの平和が神の子としてのわたしの神聖なる権利であると知っているので、わたしはこころの平和をお願いします」
2. あなたが感謝していることについて書き出す：感謝の日

記を始め、あなたの人生のよい状況だけでなく、あなたの内なるギフトについても書いてみる。

「マインドの平和を選ぶことができることに感謝します。神がわたしを愛していると知っていることに感謝します」

3. 1日を解放する：

「今日の1日を手放します。過不足なく完璧な1日でした」

4. ホーリースピリットにあなたの睡眠を預ける：

「癒す必要のあることが寝ている間にすべて癒されますように。天使たちと眠りを共にできるよう、わたしの眠りをホーリースピリット、あなたに預けます」

◆ 大事なポイント

- 誰もみな、内なる神の声、ホーリースピリットを持っている。内なる知恵、内なるガイド、内なる光、真の自己、正しいマインド、どんな名前で呼んでもいい
- あなたのマインドを変えるには、変えたい、という強い意志が必要
- 常に、最初に平和を選ぶ
- ホーリースピリットには、あなたが望めば、いつでも、どん

な状態でも会える
- 幸せでない時はいつでも、なんらかの不平不満を抱いている。誰かを、何かを批判している時はいつでも、あなたは不平不満を抱いている
- 毎日のレッスンは、あなたが今この時と共にいる助けになる

第4章

あなたは
あなたの人生の
愛そのものです

> あなたは神の作品であり、神の作品は、
> 完全に愛すべきもの、完全な愛にみちたものです。
> これが人の本性です。ですから、人はこころの中で
> 自分をこのように考えるべきなのです。
>
> （T-1-Ⅲ-2:3-4）

自分を完全にするために、常に何か、あるいは誰かを探そうとしていると、あっという間に地獄にいるような気分に陥ります。わたしたちは、幸せだけでなく、愛もどこか"外"にあると思い込んでいます。幸せと愛は常に一緒なのだもの、当然よね。だから、こんなふうに考えるのです。

「自分の中身が空っぽなのは知っている。だからこそ、外の世界から手に入るものはなんでも取ってこなくては生き抜けないに決まってる」
「十分にものを持っていたら、幸せになれるのだと思う」
「食べすぎるのは、食べている間、愛されていないと感じないよう気を紛らわせることができるから」
「褒められて、いい気持ちでいられるように、学校でも、職場でもちゃんとやらなければ」
「自分の価値を感じさせてくれる恋人を見つけなければ」

　最後のセリフは、わたしのものでした。わたしはまったく見当違いの場所で、特に間違った男たちの間で愛を探していました。男たちを神さまにし、そのことでとても苦しんだわ。わたしたちは内なる神から離れるという選択のせいで、多かれ少なかれ"自分は無価値だ"症候群に苦しみま

す。存在すること自体、価値がないと感じている時には、価値を与えてくれる何か、誰かを探すものです。そんな時は、自分が特別なのだと感じさせてくれるものならなんでもいいの！

　わたしたちが"エゴ"と呼ぶものは、実は、自分は特別なんだという観念のことなのです。わたしたちが神と１つであるということを忘れると、つまり、特別性をはるかに超えた安心感、安定性、幸せを忘れると、内なる愛を感じることができません。そこで、内なる愛の代わりにエゴの代替品で手を打とうとして、自分を特別だと感じさせてくれる何か、誰かを求めないでいられなくなるのです。

　パスウェイズ・オブ・ライトで習う "特別な関係対聖なる関係"（プラクティショナー・コース905）を紹介するわね。

　この肉体の世界における愛は実のところ、「特別になりたい。でも、さみしいし、何かが欠けている、無価値であると感じ、それに耐えられない。あなたはわたしのスペシャルなパートナーになり、いつも肉体としてそばにいて、わたしがスペシャルだと感じるようにしてくれますか？　そ

うなればわたしの孤独感、欠乏感、無価値感を覆い隠すことができます。死ぬほど欲しいと思っている特別感、承認、注目を手に入れることができます。わたしもそのお返しにあなたに特別さを降り注ぎましょう。特別な注目をあなたに与え、あなた以外には与えない排他的な"愛"をあなたに注ぎましょう。こうして特別なパートナーとしての誓いを通して、わたしたちは、特別性を望んだことで起きる孤独と罪悪感の副作用を避けることができるでしょう。特別さのちっぽけな世界ですが、わたしたち2人だけでそれなりに幸せです。お互いがお互いの偶像になり、神の愛の代わりにしましょう」ということなのです。

「これって、わたしがずっとやっていたことよ！」
　わたしは声を上げてしまったわ。わたしの個人的なストーリーをお話しする前に、自己愛の第一歩について少し付き合ってくださいね。自己愛の最初の一歩、それはあなたが感じていることをすべて受け入れるということです。

 あなたの感情に気づく

　自信満々で、よい気分でいる時と同じように、恐れ、心配、

悲しみなどのネガティブな感情があっても、それを、こころを開いて感じることが、あなた自身のすべてを受け入れる最初のステップです。これは自己愛の美しい態度と言えます。困難な感情と向き合うのは、居心地が悪いかもしれません。でも、それを拒んだり、そこから逃げたりするのではなく、そのまま受け入れることでそうした感情を変容させることができるのよ。

　たとえば、数年間、一緒にワークしていたカーリーが、こんなメールを送ってきたことがありました。

　ハロー、マリア！　シェアしたいことがあってメールしました。時間があったら、返信ください。昨日、新しい仕事が決まり、今の職場に退職願いを出したところです。退職はよいことだとわかってはいるけど、悲しいし、気持ちが暗くなっています。新しい仕事場は家に近くなり、お給料も今よりいいのです。でもわたしはこの暗い気持ちがあまりにもリアルに思え、すごく悲しい。どうしたらいいのかわかりません！

わたしの返事はこちら。

ハロー！　おめでとう！　なんて嬉しい！　新しい始まりじゃない？！！！　悲しみを感じていることに抵抗しているようにわたしには見えるけど？　悲しいことが何かいけないことのように思っているのかしら。感情は自然なことだから、ただ起きるのよ。わたしたち、肉体の中にいるから、世の中で起きることを見て、悲しくもなるし、動揺もするの。わたしたちが対処することは、自分が悲しみを選択しているなと気づき、そしてそれをホーリースピリットに預けるってこと。覚えておいてね、自分の振る舞いについてどうにかしなきゃなんて思わなくていいから。必要な変化はいつもあなたのマインドにあるのだから。

　わたしも、今の家に引っ越す時は悲しかったし、怖かったわ。前の家より家賃も高かったのよ。前の家は、前の旦那さんとの思い出もあって、わたしの安全圏だったのね。でも、感じていた悲しみや恐れに対し何かしようとせずに、感じるままにして、スピリチュアルな日課を続けたのです。

　この出来事は多分、あなたにとっての素晴らしい転換

期になるわよ。楽しんで！　悲しくても、その悲しみと一緒にいてね。あなたは信頼の人生を生きている人だから、あなたが信頼さえすれば、その悲しみは過ぎ去るとわたしにはわかります。

　このメッセージが役に立つことを祈って。

カーリーからの返事。

　ワォ、マリア、サンキュウー！　あなたの言う通りね！ 自分に悲しませてあげてもいいのだし、仕事の転機を通して自分の感情を感じさせてあげることもできる。これを知るだけでも、気分はずっとよくなったわ。確かにわたしは自分のことを間違っていると思ってた。悲しみを感じるのはよくないことだって。それで自分の感じ方を変えたかったのね。わたしの感情が悪いなんてことはないと思い出すのはすごく助けになる。わたしもスピリチュアルな実践はしているけど、だからといって、気持ちが消えるって意味じゃないものね。感情はまだそこにあるし、でも、感じていることをホーリースピリットに預けるこ

とはできる。悲しいけど、信頼して楽しむなんてクレージーだと思ったけど、実際にはクレージーでもなんでもないのね。むしろ健全。でしょ？ これが『コース』を生きるって意味なのね。自分に悲しい気持ちを感じさせてあげ、そしてホーリースピリットに預けることにする。わたしをそのままに受け入れてくれてありがとう。あなたの愛とサポートにこころからの感謝を。

あなたが感じるどんな感情も目覚めの道具として使うことができます。人生にどんなことが起ころうとも、それらはただあなたを故郷へと連れ戻るために起きているのです。

ゆっくりとした死から目覚める

わたしは長い間、ボーイフレンドがいなければ、自分は幸せではないと思っていました。一緒にいてくれる別の身体が必要だったの。絶え間ない慰めや承認をわたしは"愛"と呼んで、それを求めていたのです。これなしでは、わたしはぐちゃぐちゃでした。仕事や家族より男が重要でした。

結婚に適した、子どもをつくるにふさわしい完璧な男をいつも探していて、探してばかりいることが実は自分をみじめにしているなんて、気づきもしなかったのです。

　今、改めて振り返ってみると、わたしは真の自己、わたしの内なる神の愛を攻撃していたのだとわかります。神の愛は永遠で、決して死ぬことがありません。でも、いつもそこから顔を背けていると、内側で自分がじわじわ死につつあるように感じるものなのよ。

　この困難な状況がようやく変わり始めたのは2014年、わたしが"ブッダの彼"に出会った時だった。彼はとてもハンサムで、背が高くて、黒い髪も日焼けした肌も美しい、ナイス・ボディの持ち主。見た目が恰好いいだけでなく、スピリチュアルでもありました。毎日、お経を唱えるのを日課にしている仏教徒だったのです！　しかも、自分のビジネスでも成功していました。2回ほどデートをし、いい感じで、わたしは本当に彼のことを好きになり始めていたわ。ところがここで彼がちょっとした問題を持ち出してきたのです。彼曰く、わたしとは別に"こころを奪われている"若い女性が何人かいるって。それを知った時のわたしの反応は、「じゃ、なぜわたしと付き合っているのよ?!」。首を絞めてやりたいのを我慢して、せいぜいキッチンキャビネッ

トの扉を何回もバタン！　と閉めるにとどめるのが精一杯。最後には、わたしとしては珍しい、というかそれまでやったこともない態度に出ました。「無理！　終わりにしましょ。出て行って」と言ったのです。

　彼はびっくりし、「僕に出て行けって言うの？」と繰り返すばかり。答えはイエス、出て行って欲しい。わたしにとっては、こんな態度を示すことがとても大事でした。というのも、それまでだったら、どんなに不健全な状況でも妥協して、なんとかしようと頑張るのがわたしだったから。2人の関係が終わった後、数日間は悲しくて、メールや電話をすれば、痛みが少しは和らぐかなとも思いましたが、その衝動に負けないでいられました。このことでわたしは、「自分は感情ではない」ことを学んだのです。感情に支配されなくてもいいのだと理解したのよ。その代わりに「神の内に安らぐ」という選択もあるということを。これが幸せを保証するこころの状態なのです。

　このこころの状態こそ、わたしに言わせれば、あらゆる人、あらゆるものとの真実の愛です。この状態にいると、与えることと受け取ることが1つだとわかります。相手から取ろうとするのでなく、あなたから愛を差し出すこと。誰かに近づいた時に、あなたは自然で、本物で、正直になれる

のです。あなたの"こころの重荷"も、エゴなら隠せと言うけれど、あなたは包み隠さず打ち明けるでしょう。傷ついた気持ちを使って分離を強めるのではなく、相手と一緒に癒すことに意欲的になります。最も重要なのは、どんな関係もたった1つ、真の目的があるだけだと気づくこと、つまり神に目覚めるということです。2人で一緒に「この関係をどのように使ったらいいですか？　目的はなんですか？」と神さまに尋ねることもできるのよ。

幸せになる準備完了

　その時には、一体わたしに何が起きてるの？　と思うばかりでした。何が変わったから、自分が愛なのだと気づくことができたのでしょうか？　はっきり言って、以前のわたしは、自分のマインドがどのように働くのか、全然わかっていませんでした。『コース』や他のスピリチュアリティの数々を勉強してはいましたが、本は読んでいても、経験はしていなかったのです。分離を無意識に信じていたことが、新しい見方を取り入れるのを阻んでいました。わたしがやっと幸せになるこころ構えができたことが大きな違いでした。わたしが幸せを選ぶと決める必要があったのです。

選択できるのはわたしだけ。『コース』がわたしのために選択することはできないのです。わたしたちの一人一人が自分の人生を決める責任者です。このパワーに触れた時、奇跡を見ていく準備ができるのです。

　自分が不平不満にしがみついている時、あるいは"外側"に幸せを探している時、そんな自分の状態に気づくことで、それを手放すわたしのこころの準備が整ったと言えます。そんな状態とは、内なる教師なんか現実的じゃないよ、と自分に言っている状態のことなのです。そんなものはないと決めつけているので、"救い"を求めて他を探し、解決策を外に見つけようとします。でもわたしは、レッスンを繰り返したおかげで、こうした考えや感情に気づき、それらをホーリースピリットに託すことができるようになりました。うまくいっていないんじゃないかと疑いが頭をもたげている時でさえ、物事をホーリースピリットに預け続けました。忘れたら、もう一度、そしてまた、もう一度、という具合に。繰り返すうちに、わたしの内面の世界が信じられないほど美しく、そして外側の物事にまったく影響されないとわかり始めたのです。外側の世界が問題ではなくなっていき、ついに、何事にもつまずかなくなったのです！

このレッスンでわたしが使ったマントラはこちら。

わたしの愛とは、わたし自身である。なぜならわたしは神の愛そのものだから。

このレッスンを通して、わたしは、神の内に安らぐ真の自己を体験し、徐々に真の自己愛を開き始めました。いったんこの経験をすると、ボーイフレンドを持つことなど、それほど重要なことではなくなっていました。

あなたも、自分の人生の愛になる選択をすることができます。"わたしはそうしたい！"と宣言するだけでいいのです。真実、正しいマインド、聖なる愛、あるいは神を選択する意欲……。どんな呼び方をしてもいいけれど、そのための選択をするのです。すると、あなたはその選択を生き始めるの。

Lesson 5

人間関係を違った見方で見てみる

　人生でうまくいっていない人間関係を考えてみましょう。そこにはエゴがたくさん働いていて、正直さがあまりありません。そうした関係の人の名前を書き出してみましょう。それから深呼吸を2、3回し、静けさの中に入っていきます。1人ずつこころの中で思い出しながら、内なるホーリースピリットに尋ねましょう。

　この人間関係の目的はなんですか？　この関係をどのように別の見方で見ることができるでしょうか？　この関係はどのように愛に仕えることができますか？

　次に、ホーリースピリットから受け取るメッセージを書き出します。自分が書いていることが意味をなさなくても、それに惑わされないで。新たな学びやひらめきがないように感じたとしても、プロセスを信頼して。

　「なんのメッセージも受け取っていません」と書いてもい

いのです。何か新しい感覚を覚え始めるかもしれません。答えが受け取れたように思えても思えなくても、この練習は、あなたの内なる知恵に触れる助けになります。レッスンを繰り返していると、あなたにとって大切な、しかも困難な人間関係について新しい洞察を得られるはずです。

◆ 愛は1つ

あなたは、愛にはいろいろな種類があると思っているかもしれないわね。たとえば、この人にはこの愛、あの人にはあの愛というように。ある人への愛し方と他の人への愛し方とは違うのが当たり前。親友よりも自分の子どものほうがより愛しているし、見も知らぬ店員さんよりも自分の夫のほうが大事だわ、とか。でも、愛は1つ。程度の差もないし、それぞれ違う形に分別することもできません。

どんな人でも愛することができると思えるかしら？　そう考えて見るのは役に立つでしょう。もちろん、みんなの友達にならなければいけないというわけではありません。嫌いな人と一緒に遊び、ひどい扱いをされてもそのまま我慢するという意味でもないわ。誰かを、こんな人、あんな人、と決めつけて、自分とは違う存在だと感じる原因になって

いる批判を手放すということが大事なのです。それができると、世界と自分自身に対する見方が変わってきます。ギフトが入ってくるスペースができ、自動的に自己愛の経験をすることになるの。これは神の愛と同じです。真実のあなたと神の愛の間に違いがないのが理解できます。神の中にある同じ愛があなたの中、そしてみんなの中にあるのがわかります。その愛こそが本物よ！

　批判的でいると、愛せないわね。それと同じで、自分自身を十字架にかけるのに忙しいと、自己愛も経験できません。わたしも、友達といる時、生徒に教えている時、1人でいる時、そこにあるさまざまな関係の中に、いつもこの問題が見えています。わたしたちは、物事が自分の望むようにいかないと、自分が悪かったのではないかと自分を責めてしまう傾向があるわよね。でも、真実は、わたしたちは、自分1人の力で混乱状況を起こすことはできないということなのです。なぜなら、あらゆることがより大きな目的のために一緒に作用しあっているからです。

　どんな人間関係でも、またどんな状況でも、自分ががっかりして、どうしていいかわからない時には、こんな質問をするのが役立ちます。

- この考えは、自分自身の価値を認めるという姿勢が土台になっているだろうか？
- この行為は、自分自身の価値を認めるという姿勢が土台になっているだろうか？
- この行動パターンは、自分自身の価値を認めるという姿勢が土台になっているだろうか？

またこんなふうに質問することもできます。

もしわたしが愛にふさわしく、完璧で、何も欠けたところのない存在だとしたら、どのように考え、どのように振る舞うだろうか？

Lesson 6

愛に気づく

　1日を過ごす中で、誰かに会ったら、誰かに気づいたら、このように考えてみましょう。

　わたしたちは同じ愛を共有している。

　次に会った人にも、こころの中で繰り返します。

　わたしたちは同じ愛を共有している。

　誰かこころに浮かんだら、このマントラを繰り返します。これが、あなたに新しい人生の習慣をもたらすわ。そして愛を人生とは別物として区別する古い考え方を手放すのを助けてくれます。

　あなたの中で愛は途切れることなく、永遠に流れています。やさしく、信頼にあふれ、愛の中にいると、自分が誰かに比べてよいとか悪いとか、そんなことはまったく感じ

ません。愛は、表面的にはバラバラに見える日々の幻想を超えて、つながりという真実を見せてくれます。愛に満たされている時、あなたは愛ある人々、愛のある状況、そして愛のシンボルを引き寄せます。内なる愛の見方で世界を見ると、愛を外にあるものとして見ないので、あなたが愛の人生そのものであるかのように感じるのです。何があっても、人々の中に愛を見る意欲を持ちましょう。誰もがあなたの鏡です。鏡の中に、愛だけを見ると決めるのよ！そうすると、その人たちも、あなたのエゴの代わりに、あなたの中のホーリースピリットを受け取ってくれるのがわかります。このこころの状態は、詩的な祈りのようです。

> 父よ、あなたは、わたしが自分を見ている場所
> で、わたしが行くあらゆるところで、わたしの前に
> 立ち、うしろに立ち、横に立って傍におられます。
> あなたは、わたしが見るすべてのものの中に、
> 耳にするあらゆる音の中に、わたしに差し伸べら
> れる1つ1つの手の中に在られます。
> あなたの中で、時間は消え去り、空間は
> 無意味な信念となります。

あなたの子を包み、安全に保っているのは、
愛そのものだからです。
愛以外に源はなく、この愛の聖性を分かち
合わないものは何もありません。あなたがただ
一つ創造されたものを超えて存在するものや、
すべてのものを自らの内に保持する愛に包まれ
ず存在するものは何一つありません。
父よ、あなたの子は、あなたとそっくりです。
わたしたちは今日、あなたの永遠なる愛の中で
安らぐために、あなたの名において、あなたの
もとへ参ります。(W-264-1)

　あなたがずっと望んでやまなかった愛はすでにあなたの中にあります。これまで一度としてあなたから離れたこともありません。それに気づくことは、分離を信じる考えを白紙に戻すという意味でもあるわね。自分の人生を決定していく最高経営責任者として、分離ではなく愛を選ぶことを学べるのです。そうすることで、夢遊病者のように迷い込んでしまった夢からあなたは自分自身を解き放てるの。あなたの内面の光で、まだ夢を見ている人たちを照らすことだってできるのよ。そのために、こんなお祈りが役に立

つかも。

　あなたに平和が訪れますように。穏やかさがもたらされますように。明晰（めいせき）さ、幸せ、愛がもたらされますように。

　祈りながら、あなたが彼らに与えている祝福があなた自身にももたらされているのがわかるでしょう。

◆ 大事なポイント

- 自分を完成させるために何か、誰かを探している時は、すぐに地獄にでもいるような気分に陥る
- エゴは特別性を信じている
- どんな感情も感じてよい。感情を目覚めるための道具として使おう
- あなたの準備ができた時に、愛の人生そのものになると決めることができる
- 愛はあなたの中を絶え間なく、永遠に流れている。それは穏やかで、信頼にあふれている。愛の中では、誰かより劣っているとか優っているなどとは感じない
- あなたが愛を台無しにすることは不可能

第 **5** 章

Ｆワードを実践する時

> “ゆるしは、幻想と真実の間に、
> あなたが見ている世界と
> その向こうにある世界の間に、
> そして罪悪感という地獄と
> 天国の門との間に置かれています。”
> （W-134-10）

Fのつく言葉を実践する準備ができています！　Fで始まる言葉と言っても、あなたの想像しているようなことではありません。くたばれ！　のFではなく、ゆるし、真のゆるし、Forgivenessのことです。世間一般で言われているゆるしはまだなんらかの批判を含んでいて、真のゆるしとは別物です。たとえば、わたしたちは日常生活でこんなふうに言って、ゆるしを実践しているつもりでいます。「あなたはひどいことをしてくれたわね、でもわたしはあなたをゆるしてあげる」とか、「わたしはあなたをゆるすことにするわ。だってわたしには、あなたにはない、清らかなこころがあるから」。

　わたしが話したいのは、そういうゆるしではありません。『コース』で教えている超過激な形のゆるしのことです。過激なゆるしとは、「過去のことでわたしたちが覚えているべきことは、わたしたちが与え、受け取った愛のことだけである」という、とてつもなくパワフルな考え方を土台にしています。

　まず、なぜ真のゆるしがそんなに大事なのかということから始めさせてね。

　その答えは、ゆるしこそ、幸せに生きるために必須の道具だから、なのです。平和が欲しいから、ゆるすのです。

喜びが欲しいから、ゆるすのです。苦しみをやめたいから、ゆるすのです。

　では、ゆるしはどうやってあなたに平和や喜び、苦しみからの解放を可能にするのでしょうか。

　わたしたちがホーリースピリットから分離していると信じている時、自分とは他の肉体から切り離された別の肉体だと感じます。同時に、罪悪感が生まれます。でも、こうした選択をしたことすら覚えていないので、自分の罪悪感についても「なんのこと？」「そんなものわたしにあるかしら？」と、さっぱりわからないままなのです。

> 　　わたしは、わたしが考えているような理由で
> 　　動揺しているのではありません。（W-5）

　他の人たちがわたしたちの問題の原因のように思えるのも、人生で起きる不運な出来事のせいで不幸だと思うのも、また、人生には、人間にはどうすることもできない困難がつきもので、それは不当だと思うのも、すべてわたしたちが分離していて、独りぼっちで、そして罪深い存在だと決めたことから生じているのです。

　しかも、一度だけそのように決めたわけではありません。

気づかないまま、いつも、繰り返し、同じ選択をし続けているのです。これが、エゴにとっての"普通の"視点です。この視点でものを見ていたら、わたしたちが与えるものが最終的にはわたしたちが受け取るものなのだという仕組みに決して気づけないわ。自分の罪悪感を世界に与えれば、その罪悪感はわたしたちに戻ってくるようになっているのです。他方、愛を与えれば、与えた人が愛を経験します。だからゆるしなさい、と導かれるのです。わたしたちが他の人や世界、自分の人生をどのように体験するかはわたしたちの責任だということが、ここでもよくわかります。

批判は、殺人と同じ

　ゆるさなければならない大きな理由がもう1つあります。批判はあなたの幸せを台無しにするからなのよ。批判すると、一時的には自分が正義だと感じますが、究極的にはわたしたちを恐れや分離の幻想に縛り付けてしまいます。自分の外側にあるものを現実のものと思っていると、わたしたちはどうしても批判したくなります。そんな時は、わたしたちが神の愛の中にいるなんて思いもよらないわ！　その結果、必然的にみじめになるのよ。

> 怒りは必ず、判断を下すことから生じます。
> 判断とは、奇跡を自分から遠ざけておくために、
> わたしが自分自身に対して使う武器です。
> （W-347）

よく聞く批判は、たとえばこんなふう。

「わたしのことを好きだって言ったくせに、その後、別の誰かと一緒にいたいと言ってくるなんて、なんて男なの？ とんでもないヤツだわ！」
「なんであんな狂った人が大統領に立候補できるの！」
「あの人殺し／あの児童虐待者／あのテロリストは悪者だ！」

こうした思いは確かに正当に思えるわね。それでも、こうした批判や非難は、わたしたちの恐れを強め、分離をリアルなものにするだけなのです。エゴの思考体系にまんまと引っかかり、幻想に迷い込んでしまうわけ。もちろん、自分で勝手につくり上げたドラマや狂気などエゴのお決まりのたわごとを聞かないようにするのは容易なことではあ

りません。狂った世界にあっては、批判は理にかなっているように見えるのですもの。でも、批判が本当に役に立っているのか、自分の人生や世界にポジティブな結果をもたらしてくれているのか、考えてみるだけの価値はあるわね。もし悪者が死ねば、それであなたは本当に幸せになるのかしら？　ニュースを見て、次から次へと批判していたら、最後にはうれしくて飛び上がるのでしょうか？　それとも手首でも切りたくなるのかしら？　自分がどのように考えているかに気づくことは大事だと思います。それがなんであろうと、あなたは、あなたが考えていることを世界にまき散らしているのだから。そしてそれは自分に返ってくるのだから。

　他の人の考え、信念、振る舞いについて批判したくなる時、自分にこう尋ねてみない？

　もし、それが、わたし自身がしたことだったら、わたしはどう感じるかしら？

　幸せに戻るためには、物事がどんな形で現れるにしろ、高い視点で見ることを学ばなければなりません。世界に起きている戦場にも目を向け、もし愛だけがリアルなのだと

したら、戦争の世界がリアルであるはずがないと認識する意欲を持たなければなりません。そのようなゆるしが、愛への障害を取り除き、あなたは世界を違った視点で見ることができるようになります。愛を信じながら、同時に恐れを信じることはできないのです。

 真のゆるしとは何か

真のゆるしについては、いろいろな定義ができます。

- ゆるしは恐れから愛へと見方を変えること
- ゆるしとは物事を違った見方で見る意欲のこと
- ゆるしとは過去を手放すこと

ゆるしはエゴが習慣にしている考え方ではないので、わたしたちの最も深い内なる叡智、ホーリースピリットに、状況や人を違った見方で見ることができるようお願いする意欲がいります。ゆるしは偽りの見方をはずし、わたしたちの思考のかけ違いに気づくように助けてくれます。不幸な考えを自分だけで手放そうとするのは難しいかもしれないけれど、ゆるすことができますように、こころの中で

助けを求めることなら、誰にでもできるわね。それを新しい習慣にしましょう。その利点には、計り知れないものがあるから！

　もう1つ、真のゆるしの驚くべき側面があります。それは誰かが何かをしたことに対してゆるすのではなく、してもいないことに対してゆるすということです。それは、他の人に対して持っているわたしたちの批判を手放すということに他なりません。

　どこから見ても、その人がしたことは間違っている！と思ったとしても、それをゆるすということは、常に自分の幻想を手放すという意味なのです。わたしたちが基本的に共有している真の現実は愛なのです。自分に対しても、他の人たちに対しても、愛以外の知覚に頼っている時は、真の現実はまったく見えていません。『コース』は、誰かが何かしているように見える時、それがなんであっても、愛の表現か、愛を求める声のいずれかだと言っています。いずれの場合にも、分別のある反応は愛とゆるしだけです。誰かの残虐な行為、思いやりのない振る舞いを現実のものと受け止め、影響される代わりに、そうした行為の裏に、愛に戻ろうとする試みがあると気づき続けましょう。

FREE!

『願いはすべて
ホーリースピリットが叶えてくれる』
読者無料プレゼント

マリアからの
オリジナル動画メッセージ

`動画ファイル`

本書の著者マリア・フェリーペさんが、日本の読者のために、特別にメッセージをお寄せくださいました。本書オリジナルの動画です。また、マリアさんと訳者の香咲弥須子さんのスペシャル対談動画も同時公開。マリアさんが人生を大きく変えるきっかけとなった『ア・コース・イン・ミラクルズ(以下、コース)』を、『コース』発祥の地アメリカ・ニューヨークで長年教え、広めてきた香咲さん。マリアさんと香咲さんは、日ごろから親交の深い間柄。お2人の楽しくも深いお話をお楽しみください。

この無料プレゼントを入手するには
コチラへアクセスしてください

http://frstp.jp/holy

※特典は、ウェブサイト上で公開するものであり、冊子やCD・DVDなどをお送りするものではありません。
※上記無料プレゼントのご提供は予告なく終了となる場合がございます。あらかじめご了承ください。

フォレスト出版

世界で何百万もの人々が学ぶ
20世紀最大のスピリチュアルの名著が、最もわかりやすい!

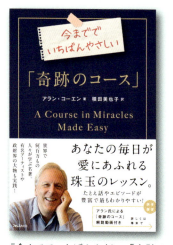
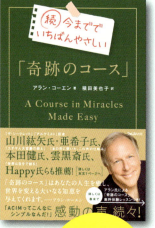

『今まででいちばんやさしい「奇跡のコース」』
『続 今まででいちばんやさしい「奇跡のコース」』
アラン・コーエン 著
積田美也子 訳
各定価 本体1700円 +税

たとえ話やエピソードが豊富!

日常的な具体例が豊富に挿入され、すごく整理されていて、ACIMがとてもシンプルな学びだったこと、難しくしていたのは、私自身だったんだと、思い出させてくれます。長年 ACIM に取り組んでいて、ちょっとぐちゃぐちゃになってしまっている人も原点に帰ることができると思います。　　　　　　　　　　　　　（経営者 50代 女性）

気づきを保ちましょう！　エゴの狂気の世界に惑わされるのは、やめましょう！　みんなバラバラの存在で、自分は独りぼっちで、互いの利益は相反しているという間違った考えを手放しましょう。そんなふうに考えていると、悲しみや葛藤が続くだけで、しまいには、自分は被害者だと感じることになります。真実は、あなたは被害者ではないし、あなたは何もされていないの。それはただの幻想で、内なるホーリースピリットに助けてくださいとお願いすれば、違った見方で見ることができます。あなたにできなくても、あなたの内なる叡智が、物事を奇跡的にひっくり返し、あなたに大きな喜びをもたらすのです。

 いつゆるすのか

　幸せでない時には、Fワード、Forgiveness、つまりゆるしを実践しなさいというサインです。たとえば、こんな時にゆるしましょう。

- こころが平和でない時
- 自分が批判していると気づいた時
- 自分を被害者のように感じる時

・過去を蒸し返している時

　ゆるしの最もわかりやすい合図は、こころが平和でない時です。悩みがあったり、怒っていたり、悲しかったり、"ちょっとズレてるな"と感じる時、こころは平和ではありません。ゆるしを実践するとは、幸せなふりをして、本当はよい気持ちでもなんでもない時に、無理して大丈夫を装うことではないのです。自分では望まない気持ちや考えにこころを奪われている時、そうしたこころの状態を確実に変えてくれるのはゆるしだけです。

　批判はあなたのこころの平和を確実に乱します。外の世界の誰か、あるいは何かが間違っていて、自分は正しい（または、その反対もあります）と思ったら、ゆるしの時が来た合図。外の出来事が原因で自分に何かが起きていると信じている限り、幸せにはなれません。

> あなたが見ている世界は、自らつくりだしたのですから、あなたはその世界の被害者ではありません。（W-32-1）

　キリストは自分の生命を例にこう言っています。

❝ わたしは、あなた方とわたし自身のために、エゴならば、最も残虐な猛攻撃と判断するものでさえ、問題にならないと実証することを選びました。この世界、つまり神とは異なった見方によれば、こうした事柄は、違って見えます。わたしは裏切られ、見捨てられ、むち打たれ、傷つけられ、そして最後には殺されたということになるのです。（中略）あなたは迫害されてなどいません。また、わたしも迫害されていませんでした。あなたは、わたしの経験を繰り返すよう求められているのではないのです。わたしたちが共有しているホーリースピリットが、それを不要にしているからなのです。❞ (T-6-1-9:1-2…11:1-2)

　確かに、この見方はわたしたちがこれまで教えてもらってきた見方とは違っているわね。過去の誰かに起きたことに対して、自分自身を含め、それが誰であっても、わたしたちには罪はなく罰せられることなど何もないですって⁈ でもね、ホーリースピリットこそわたしたちの真の内なる力なのです。だから、ゆるしを思い出したい時には助けを

求めましょう。ゆるしを思い出すタイミングはいつでも、「今」です。「今」は何度でもやってくるわ。何度でもゆるしの助けを求めましょう。幸せに生きるまでずっと何度でも。

Lesson 7

第5章 Fワードを実践する時

ゆるしのプロセス

　正直言って、わたしの場合、真のゆるしを理解するまで何年もかかりました。同じ考え方を長年していると、たとえ、その考え方ではうまくいかないとわかっていても、これまで習ってきたこと、強化してきたことを白紙に戻すには時間がかかるものです。だから、こころを開き、あなたの準備ができた時には理解できると信頼していて欲しいの。

　ゆるしのプロセスには3段階あります。

1. **責任を受け入れる**：最初に、自分の知覚や体験をつくり出すのは自分であると認める。何か動揺することがあっても、それに対して、こう言う。「この人、あるいはこの状況をどのように見るか、恐れの目で見るのか、それとも愛の目で見るのか、どちらにするかは自分の責任である」
2. **何が本当の現実かを思い出す**：どんな体験、どんな感情でも、愛でない時には、本当の現実ではない。恐れ

と分離は常に幻想だ。真実には、恐れも分離も存在していない。まったく起きてすらいない。もともとそこになかったことなので、手放すことによって、ゆるすのだ。あなたにひどいことをしたと思っていたその人をゆるすのも同じこと。その人は実は何もしていなかった。何かしたとしても彼らはその時は正しいマインドではなかったのだ。自分の源を忘れてしまっていただけだ。だからゆるす

3. 助けを求める：ゆるせない時、はまってしまった時には、その状況をホーリースピリットに任せ、ミラクルをお願いしよう。ミラクル、つまり知覚のシフトをこころから求めよう

　ゆるしのプロセスは、真実を見ようとする意欲を持って、現実だと信じ込んでいる、死んだようなイメージを超えたところにある世界に視線を届かせようとすることによって始まります。職場や家庭で起きる問題がリアルだと感じると、不安になり、罪悪感を覚え、防衛しなければならないと思うけれども、そのネガティブなエネルギーに気づきながらもやり過ごし、そうした幻想の裏に隠れている愛の可能性を見ることができるようになります。攻撃されたと感じ

るその感情を、神さまのもとへの帰郷を思い出す方法として使うことができるのです。あなたの知覚を180度転換することを楽しみ、やっと目が覚めたことを喜んでください。今起きていることに対する恐れに気づき、それはただの悪夢で、そこから目を覚ますという選択もできると気づきましょう。何回も選択できます。ゆるしを繰り返せます。そうすれば必ず地上の天国を経験できるのよ！

◆ 腹筋男：わたしのゆるしのチャレンジ

人生の課題が非常に大きく、つらい時にはゆるしたくないと思うものです。その気持ちはよくわかるわ。

短い間だったけど、筋肉隆々の彼氏と付き合っていたことがあります。見事なシックスパック！ うーん、おいしそう！ 認めるわ、わたしはそこに、そそられていたの（身体がリアルだと思っていると、身体つきや容姿に目がくらむものね）。本格的に付き合い始めて1ヶ月ほどして、差し込むような腹痛が始まりました。痛みはなかなか消えず、とうとう医者に行き、妊娠しているかもしれないと言われました。その時のショックといったら。

この筋肉マンと最後に過ごした夜、わたしたちは避妊具

を使わなかったことで大ゲンカをしたの。それより前、彼はわたしに避妊具を使うプランAではなく、プランBのピルを飲んで欲しいと言っていたので、わたしはそれを受け入れていました。だから妊娠なんかするはずないと思っていたし、その後も生理だってあったのです。クリニックで検査を受け、翌日に結果がわかるので、電話をするよう言われました。その日はオーディションの予定だったのだけど、痛みがあまりにひどく、失神しそうでメイクアップさえできない状態でした。友達が一緒にいて助けてくれたから、なんとか医者に電話をすることができました。

「子宮外妊娠かもしれないので、大病院へ行くように」と言われたわ。子宮外妊娠？　友達が運転する車の中で、インターネットで子宮外妊娠を調べ、そこで初めて子宮の外で赤ちゃんが育つことを知りました。なんてこと?!　なんという悪夢！　長い女性史の中でも、こんなに痛い超音波テストを受けたのはわたしくらいじゃないかしら、と思うほど。検査の後、急患外来の待合室で延々と待っていると、やっとやさしそうな若いアジア系の女医さんが現れ、手際よく説明してくれました。

「マリア、あなたの痛みは子宮外妊娠が原因。胎児が卵管を破ってしまう危険性があるので、すぐに手術したほうが

いいわ。でないと内出血で死ぬことも考えられる」
　そう聞いて最初に考えたこと？　それはね、

　わたし、死にたいかも。どうせこの世界はこんなふうにひどいのだから！

　本当にそう思ったのよ。でも、その後すぐに、死んでもなんの解決にもならない、ゆるしなら修復できると、気づいたのです。
　複雑な手術と2度の輸血を経て、回復室のベッドで意識を取り戻すと、わたしはすすり泣かずにはいられませんでした。悲しくて、怒りも感じていたし、傷つき、そして幻滅していました。ものすごく孤独を感じ、とりわけ被害者になった気分でした。痛みがひどかったのだけど、それは肉体的な痛みというより、わたしが考えていることからくる苦しみだと気づいていました。そこでわたしは、自分自身に核心となる質問をしました。

　なぜわたしはこんなふうに感じているのかしら？

　答えはすぐにやってきました。

あの男と寝なければよかった。

ピルにすると同意しなければよかった。

もっと責任を持つべきだった……。

　こうした思いにどんな共通点があるかわかるかしら？ どれも過去の行為に対しての批判、非難です。今となっては、どうやっても変えられないことにこだわっています。もし変えることができるとすれば、それはこの窮状をどのように見るかだけなのに。別の見方もできるということ。自分自身が聖なる繭(まゆ)の中にいて、大事にされ、決して独りぼっちではなく、安全に守られている自分自身をありありと思い浮かべてみました。その"繭"は神の愛でした。そこではわたしは傷つくことなどありえませんでした。

　過去についてわたしができることは唯一、あの時は、その時点で持っている気づきを使って自分の最善を尽くしたのだと受け入れること。わたしは悪質ではなかったし、罪を犯してもいなかった、と。ただあれ以上にはわかっていなかったのだ、と。自分自身をゆるすと、次から次へと後悔する、というのをやめることができ、過去から自分自身

を解放することができました。わたしが与え、受け取った愛だけを覚えておこうと思えました。だって、愛だけが実在しているのだから。

　それまでは何かを失ったかのように感じていたけれど、その感覚がパタっとやみ、むしろ実際にはあらゆるものを得たのだと感じ始めたことが、ここでのミラクルでした。もはや過去には定住しないと選んだからこそ起きたミラクルです。

Lesson 8

コミットメントの手紙

　わたしたちはつい不幸な考え方に陥りがちです。だからこそ、ゆるしがうまくいくのだと日々コミットして思い出すのが効果的。その1つの方法として、"コミットメントの手紙"を自分宛てに書くというのをやってみましょう。この短い手紙には、ゆるしを実践するというあなたの決意をどうやって維持できるか、そのモチベーションになることを、こころを込めて書いてください。

　例として、わたしが自分自身に宛てた手紙を紹介するわね。

　　ゆるしを決意するというのは、物事を別の見方で見ることができるようにとホーリースピリットに常にお願いするという意味です。自分の知覚を変える意欲があるということ。わたしのコミットメントは、この世界が現実ではなく、わたしの家は神の中にあると覚えていること。

覚えてさえいれば、わたしが神の愛の代わりにしてきたナンセンスを笑い飛ばすことができる！

　同時に、キリストの目で見るということにもコミットしたい。過去も未来ももう見ないということ。自分自身が世界の光だと見ること。自分自身にも他の人々にも真実の幸せをもたらすために、批判や恐れを手放し、まだ夢の状態であるこの世界を、ゆるしの光を輝かせながら歩くと決める。

◆ 大事なポイント

- ゆるしは愛に対する障害を取り除き、世界を異なる見方で見始めることができる
- あなたの批判はあなたの幸せを台無しにする
- 愛と恐れを同時に信じることはできない
- ゆるしは恐れから愛へと視点を変えること
- どんな体験も感情も、愛から生じているのでなければ、現実ではない

- ゆるしは、実際には何もなされていなかったことについても、相手をゆるす
- その時に持っていた最善の気づきを使って、あなたはいつもベストを尽くす

第 **6** 章

あなたは恐れ知らず

" わたしは弱くありません。強いのです。
わたしは無力ではありません。パワフルです。
わたしには限界がありません。無限です。
わたしは疑ってなどいません。確信しています。
わたしは幻想ではありません。実在です。
わたしは暗闇の中では見えません。
でも光の中では見えます。"

(W-91-8)

恐れは、わたしたちのマインドを人質にするエゴのトリックそのものです。わたしは恐れで身動きが取れなくなっている大勢の生徒たちに会ってきました。恐れのせいで前に進めず、目的を見つけられず、自分の幸せを生きることができないでいる……。エゴのトリックにはまっている時、どんなつぶやきが口をついて出てくるでしょうか。

　残業しないと解雇されそうで怖い。
　ブログが書けない。わたしは作家なのだから、書くならパーフェクトじゃないと！
　元妻には逆らえない。逆らったりしたら、子どもに会わせてもらえない。

　わたしたちのほとんどが、エゴの声が話すナンセンスを、長すぎるほど長い間、信じてきました。「おまえは幸せな結末にはふさわしくない」というエゴのメッセージを、無意識のうちにこころに染み込ませています。わたしが伝えたいのは、これほど真実からかけ離れたメッセージはないということなの！　ハッピーエンディングだけでなく、その道すがら目覚めることもあなたの神聖な権利なのだと理解して欲しいと願っています。たとえ一時居心地が悪くて

も、恐れの手錠をはずしましょう。

恐れの声

　神からの分離が可能だとわたしたちが最初に決めた時に恐れが湧き起こりました。つまり、自分は、わたしたちの真の性質、すべてを包む愛とは別物の何かもしれないと決めた時に、ということね。その時、マインドの中に対極が生まれました。これが、わたしたちがエゴと呼んでいるものです。そう、恐れの神さまのことよ。エゴは常に"外の"状況が恐れの元凶だとわたしたちに信じ込ませ、時にはそうした外界の出来事に対して勝利を宣言することもあります。でも恐れは内面で起きているので、新しい地獄が次から次へとこころの中に生まれ、そこではエゴの考え方である葛藤が当たり前になっています。この仕組みがわかると、わたしたちが人生と呼んでいる集合的な夢の中で、人類が考えていること、やっていることが、正気を失っていて暴力的だということに納得がいきます。

　自分が誰なのかを忘れてしまったので、人は恐れを抱くのです。真実を夢に置き換えてしまったので、恐れるのです。深い眠りに落ちてしまっていて、この世界が現実だと

考えているのです。それをどうやって修正したらいいのかわからず、暗闇の中に閉じ込められたように感じてもいます。でも、真実は、わたしたちの内には光があるということです。ただそれを見るのが怖いだけ。恐れを消し去るにはどうしたらいいのかしら。それは、わたしたちが自分から進んで神の愛の中にいると思い出すことです。

　恐れのない状態になるには、まず自分のマインドが分裂していることを知らなければなりません。エゴという恐れの声と、ホーリースピリットという、あなたが神の愛へ戻る架け橋になる声の2つがあなたのこころにあり、あなたを引き裂いているのです。エゴに支配されていない時にはいつも、わたしたちが人生の"CEO（最高経営責任者）"として、マインドのこの2つの間で選ぶことができます。

　2つの間で選ぶとは、どういう意味でしょうか？　今までにわたしたちは、内なる愛の声に常に耳を傾けていれば、恐れを経験しないと学んできたはずね。内なる愛の声に耳を傾けるためには、まず批判、後悔、操作を手放すと決める必要があります。つまりあなたが自分で何かを起こそうとするのをやめるということです。心配を手放し、ホーリースピリットがあなたの背後を守ってくれると決めるのよ。

といっても、エゴの声とホーリースピリットの声を見分けるのはいつも簡単なわけではないかもしれないわね。声の見分け方の大事なポイントを紹介しましょう。
　エゴの声はたとえばこんなふう。

　急がないと手遅れになる！
　傷つくかもよ。大事なものを失うかもよ。
　結果よければすべてよし。
　期待しよう。もっともっと。
　あなたが正しいことを証明しなさい！
　何かしなくては！　でないと幸せは見つからない。

　エゴは、"奪う"ことで得る興奮はほんの一時的なもの、ということは教えません。神ではないものが、あなたの望むような形であなたを満足させることは決してありません。エゴがあなたを信じ込ませようとして、どれほど多くの幸せのシナリオを出しても、それらはみな最後には不幸な結末につながるだけなのです。

　一方、ホーリースピリットの声はこう聞こえるはずです。

急ぐ必要はありません（あなたが知る必要のあること、する必要のあることは、ぴったりの時に教えるから）。

　自分を守ろうとしなくて大丈夫（あなたが失うもの、防衛しなければならないものは何もないと思い出させてくれる）。

　目の前で起こっていることを、こころを開いて一緒に見てみましょう（起こることに対して、あなたをオープンに、興味を持たせてくれるだけ）。

　あなたがしなくてはならないことは何もありません。

　今この瞬間、あらゆることが完璧です。

　わかってくれたかしら。わたしたちは、問題のように見えることを、1つの合図として使うことができるのです。恐れをベースにしたエゴのアドバイスは返上し、内なる聡明な声を聴くように、というサインです。国税庁の会計監査、駐車違反のチケット、医者からの悪い知らせ、どんなことでも、ホーリースピリットなら、こんなふうに言うでしょう。「悪い知らせの代わりに、わたしの言うことに耳を傾けなさい。愛だけがリアルだと見せてあげましょう」。意欲が高まり、ひらめきを感じたら、自分が耳を傾け始めたとわかります。

ラファエル：新しい声を聴く

　ラファエルは失業し、離婚の協議中でもありました。奥さんは娘を盾に、多くの要求を彼に迫り、彼を苦しめていました。何回話し合っても、喧嘩になり、結局、話し合いすらしなくなっていました。ラファエルはアルゼンチンに住んでいて、彼の母親がわたしに相談をしていました。彼女はラファエルにロサンゼルスに来るように説得していました。彼には飲酒、薬、鬱の問題があったので、彼のカウンセリングをわたしにして欲しかったのです。

　初めてラファエルに会った時、彼は恐る恐る部屋に入ってきました。見るからに悲しそう。わたしたちは、まず、彼のマインドの中で、エゴがどんなふうにやりたい放題しているのかを見てみることにしました。彼は常に考えすぎで、過去に対し、もっとああすればよかった、こうすればよかったと後悔し、未来に対しても心配ばかりしていました。そこでわたしは、最善だと思ってしたことだから、過去はあのままでパーフェクトだという考え方をしてみてはどうかしらと提案してみました。

彼は、奥さんとも決してうまくやっていけないし、娘さんともいい関係は築けないのでないかと考えると、お先真っ暗で、夜も心配で眠れないのだ、とも言うのです。
「そういう考えを、わたしはエゴの"おバカな考え"って呼んでいるの」とわたし。「まだ起きてもいないことを考えて、眠れないし、落ち込んでいるのよ」
　こうして、こころに何が起きているかを知ることによって、ラファエルは自分の妄想的な考えによく気づくようになり、習慣的な恐れと不安は必ずしも必然的なことではなく、自分の持っている変化の力を超えるものでもないとわかるようになりました。実際、彼はエゴの狂った声を聴いて、恐れや不安を選択していたのです。何ヶ月かすると、彼はよく眠れるようになり、飲酒も少なくなりました。瞑想を始め、日記もつけ始めました。瞑想をしている時に、スペイン語で「心配しないで大丈夫」というメッセージをホーリースピリットから受けとりました。奥さんを怖がる代わりに、自分が持っている奥さんへのうらみを認め、それらをゆるし始めました。またお母さんに対しても批判していたことに気づき、ホーリースピリットに、違った見方で見ることができるようにとお願いすることで、そうした批判の気持ちをやめることができるようになったのです。

最後のセッションでは、ラファエルは平和を感じてさえいました！　アルゼンチンに帰り、徐々に人生を立て直してみようと思っていると言いました。彼の問題がすべて解消したわけではありませんでしたが、問題の対処の仕方はすっかり変わったのです。これまでとは違う声からアドバイスをもらうことを学んだからです。セッションがすんで、部屋を出る時の彼の大きな、自信に満ちた笑顔を見ることができたのは、わたしの大きな喜びでした。

　価値ある闘いは、唯一、マインドの中にあります。これがすべての葛藤の根っこです。解消することができるのも、そこでしかありません。マインドの中の恐れを乗り越えることができさえすれば、外側の戦争はなくなります。

Lesson 9

恐れを減らすマントラ

　恐れを少なくするために、1日を通して自分に聞かせるといいマントラを紹介します。

　わたしは神の大事な作品。神の創造物なのだから、わたしはいつも全面的に愛され、そして全面的に愛します。

　これをできるだけ頻繁に繰り返してみましょう。
　このマントラは、他の人にも使えます。特にあなたが不平不満やうらみを持っている人に対して使ってください。

　あなたは神の作品です。神の創造物なのだから、あなたはいつも全面的に愛され、そして全面的に愛します。

　目を閉じてやってみましょう。
　鏡の中の自分自身にこの言葉を言っているところを想像してみましょう。
　あるいは目の前に許したい人が立っていると想像して、

その人に向けて言ってみましょう。

ゆるしの力

バーバンクのユニティ教会で、2回の講話を行った後のこと。わたしはソファで休んでいました。

とても好きな男性のことを急に思い出して、苦しくなりました（そう、わたしは繰り返し、こんな経験をしてきたの）。彼との関係は、わたしの望むようには進んでいませんでした。メールを返信してくれなかったし、デートに誘ってもくれず……。あの時、どうやってメールを彼に送ったか、夕食にどうやって誘ったかを考えて、苦しくなったのです。わたしが状況を操作しようとしていたのがわかるからです。だから心配になったり、不安になったりしたのだということが理解できたからです。この感情はわたしにとってはあまりにおなじみのものなので、自分で自分にがっかりしないではいられませんでした。これでもわたしは、今やスピリチュアルリーダーなのですから。教えていることを自分でもちゃんとできなくてどうするのよ！　他ならぬ自分自身の講話の後で、こんなふうに取り乱している場合ではないのに！

いろいろな考えが抑えようもなく次から次へと湧き上がり、自分は教師にふさわしくないと感じ、泣けてきました。そこで、ホーリースピリットに出口はないのでしょうかと尋ねました。今この瞬間に、わたしから恐れがなくなり、くつろぐことができ、自分に価値を与えることができるでしょうか？　わたしが感じていたことと言えば、これらとは正反対のこと。
「どうか助けてください。わたしの人生でよく起こるこの感じは、わたしにとっては悪夢です。変えたいのです。待ったなしなのです！」
　ただちにスピリチュアルなひらめきがやってきました。

　あなたの父親をゆるさなければなりません。父親だけでなく、あなたの人生に登場するすべての男性をゆるす必要があります。

　すぐに、思いがけないほどの平和がやってきたのがわかり、涙が止まらなくなりました。同時に困惑もありました。父をゆるす、ですって？　父はわたしが3ヶ月の時に亡くなっていたので、わたしは父のことは何も覚えていませんでした。父親とのつながりがどのようにわたしの障害になっていたかなんてわかるはずがありません。わたしが知ってい

たことと言えば、父は何回か自殺を図った末に、最後には拳銃で頭を撃ちぬいて死んだ、ということだけです。当然、母は苦しみました。それ以前に、すでに息子を1人失くしてもいたのです。それはわたしの兄の1人で、彼は9歳の時に自転車事故で亡くなりました。父も、当然、息子の死でつらい思いをしていたはずです。また1966年にキューバを離れなければならなかったことにも父は罪の意識を抱いていたに違いありません。前の結婚でもうけた2人の息子を置いていかなければならなかったからです。

　わたしは父のことを覚えていないけれど、わたしが生まれた時にはすごく喜んでくれ、医者たちは父がもう自殺なんかしないだろうと思ったそう。でもその3ヶ月後に父は死にました。そのことを考えるたびに、わたしは悲しくなりました。今、ここで、忘れようとする代わりに、あの悲しみに注意を向けてみると、実際には悲しみより、怒っている自分、吐き気を感じる自分がいるのがわかります。

　お父さんはわたしを置いてきぼりにし、母のことも置いてきぼりにした！　わたしたちみんなを独りぼっちにさせた。だからわたしたちは、自分たちで自分を守るしかなかった！

わたしは1つの関連性を理解しました。元夫との関係で、初めの頃、彼が父と同じようにわたしから去っていくのではないかと恐れていたことに気づいたのです。

　この状況をホーリースピリットの助けを借りながら見てみようと思いました。尋ねると、こんなメッセージがきました。

　わたしと一緒にこのことを見てくれて、なんて嬉しいことでしょう。あなたのお父さんに起きたように見えることは、あなたには関係のないことです。あなたが悪いことは何もありません。彼の人生は彼の見ていた夢であり、彼の体験であり、彼が選んだレッスンでした。あなたのお父さんはあなたを見捨てたわけではありません。これが真実です。なぜならあなたの内なる真実のお父さんがどうしてあなたから去ることができるというのでしょう。あなたは、内面にすでにずっとあった愛の代わりに、男性を探し求めてきただけです。

これを聞いた後、父に手紙を書きたいと思いたちました。

お父さんへ

　お父さんのことを愛していると言ったことがありませんでした。あなたが通り抜けてきたつらい体験を思うと残念です。今はもっとよい場所にお父さんはいると信じています。お父さんはわたしのプリンス、わたしの守護天使です。真実は、お父さんは一度もわたしを置いてきぼりになんかしていなかったのですね。そしてこれからもわたしを独りぼっちにすることはありません。わたしたちは1つです。お父さんは素晴らしいスピリットで、偉大な教え手でした。あなたが肉体を離れても、それはわたしが原因ではなかったのに、なぜかわたしはわたしがいけなかったのではないかと決めつけていました。この重荷を長いこと持ち続けてきました。無意識のしてきたことは、今ではそれが真実ではないとわかります。だから、わたしはその十字架を手放します。お父さん、わたしはあなたをこころからゆるします。

この手紙を書いた後、「恐れをなくすための7ステップ7日間の練習」という、簡潔で、具体的な手法を習いました。こうしたやり方は初めてでしたが、たとえ自分の安全圏外だったとしても、怖かったとしても、これをやらなければいけないとわたしは知っていました。

　わたしはこれを7日間ちゃんとやり、わたしの人生に登場した男全員をゆるしました。それはもう、これまで経験してきた中でも最も感情的につらいプロセスだったわ！　あの子宮外妊娠よりもひどかった！　ちょうどその週、講演会の仕事があり、わたしは何日も寝ていなかったので、アシスタントに一緒に来てもらいました。目のまわりのクマをメイクで隠し、講演会ではこのレッスンの経験を題材として話し、とてもうまくいきました。

　あなたも、恐れに向き合うというこのプロセスを怖がらないで欲しいの。愛の記憶があなたのマインドに戻ってくるのを助けてくれます。

Lesson 10

第6章　あなたは恐れ知らず

恐れをなくすための7ステップ
7日間の練習

　7つのステップを伝授するわね。ここでは、ある特定の状況や問題に直接関わった人たち全員を取り上げます。たとえば、わたしの例では、男性に対するうらみにフォーカスし、そこには元夫をはじめ、わたしが関わった男性全員を含めました。このステップでしなければならないのは、まつわる人全員を7日間の最終日までに扱うこと。1週間でこのワークを完了することができるようになっています。1日に1人の人を扱い、それぞれの人に対し、ステップ4から7までをやります。パソコンかノートを手元に置き、途中気づいたことを書けるようにしておきましょう。7日間が終了した時にはわたしの記録は15ページにもなりました。

　7つのステップとは：

1. 今解決を最も必要とする問題を選ぶ（恐れ、怒り、苛立ちなどを特に感じさせる事柄）
2. その問題が起きた時にさかのぼり、そこに関係した人す

べてをリストにする。たとえば、その時、不安を感じていたとしたら、家族、学校、職場で、自分は価値がないと感じさせた人をリストに挙げる

3. 7日間を通して、リストに挙げた人を順番に1人ずつこころに思い浮かべる。一番昔の人から最も最近の人の順で行うとやりやすい。取り上げる人数が7人以上いる時には、1日に1人以上、7人に満たない時には、何人かを複数回取り上げるといい

4. その人があなたにどのように感じさせ、またその人があなたにしたことで何を信じたのかを振り返ってみる。その人がいかにあなたを傷つけたか、そのストーリーを書き出す

5. こころを開いて、問題とその人に対して、違った見方をしてみる。フラストレーションや恐れではなく、自分がパワフルに感じるためにはどんな道を見つけることができるか、こころの中で尋ね、ホーリースピリットからやってくる見方を書く

6. その人に手紙を書く。例として、わたしが父に宛てた手紙を参考にしてね

7. 第5章のレッスン7「ゆるしのプロセス」を使って、ゆるしを行う

このプロセスをした時、わたしは次に紹介するレッスンもするように導かれました。

- 1日に少なくとも10分の瞑想をする
- 1日中、愛にあふれた考えを抱き続ける
- どんな状況でも、自分に尋ねる。「わたしの選択、決断はわたしの価値と一致しているだろうか？」

　このレッスンは、朝の気持ちのいい時間にするといいでしょう。リストの人数にかかわらず、7日間続けること。焦点をより明確に、しかもそこに集中することができるようになり、物事が本当に変化し始めます。実習をする前とした後では、問題のとらえ方が同じではないことがわかり、驚くかもしれません。このレッスンでは、時間をゆっくりとって、そして自分にやさしくすることが大事です。

　より深く、より正直になればなるほど、あなたが受け取る恩恵は大きくなります。わたしは、この実習をした後、地獄（不安、怒り、悲しみを感じている）から天国（平和、喜び、幸せを感じている）へと移動したかのように感じました。男性

の注意を引こうとする、彼に自分を好きになってもらおうとするなど、わたしが最初に取り上げた問題は、必ずしも"解決"はされませんでしたが、ただ、わたしの人生に現れた男たちへのうらみを癒したことで、恐れがなくなり、そのおかげで問題そのものがもはや問題ではなくなったのでした。

このレッスンを通して、わたしは自分の問題が男性についてではなかったと理解することができました。問題の多くは、すでに愛は内面にあるのに、それを見つけようとしたり、無理に愛そうとしたり、愛を空想したりすることから生じていたのです。何が最も必要かというと、こうした"問題"に騙(だま)されないことなのです。わたしたちが望むものや人をすべて手に入れようとしなくても、内面から恐れがなくなる方法を見つけることによって、わたしたちは幸せに生きることができるからなの。

◆ 大事なポイント

- 恐れはわたしたちのマインドを人質にするエゴの作戦
- わたしたちが本質的に誰なのかを忘れると、わたしたちは怖くなる

- 恐れをベースにしたエゴの声の代わりに、新しい（ホーリースピリットの）声を聴くように学ぶこともできる
- 恐れがなくなるためには、過去をゆるし、違う見方に対してこころを開かなければならない
- 「恐れをなくすための7ステップ　7日間の練習」が、あなたの問題の焦点を絞り、集中度を高め、その結果、問題を解放することができる

第7章

あなたは罪にはまっていない、大丈夫

> 苦痛に対する許容度は、高くなることはあっても限界はきます。いずれは誰もが、たとえ漠然とでも、もっとよい道が必ずあるはずだと認識し始めることになります。この認識がさらに確固としたものになれば、それが転機となるのです。
>
> （W-73-6）

さて、調子はいかが？　ずいぶん遠くまでやってきたわね！　これまで取り上げてきたテーマの中には、自分のことだな、自分の問題のことだなと思える部分もあれば、あまり自分のこととは思えない部分もあったでしょう。また、比較的簡単に理解できる部分もあれば、なかなか理解できない部分もあったかもしれません。それでOK！　ここまで読み続けてきたのだから、あなたの意欲が足りていることは十分に証明されているわ。変わりたいという願望が満ちているということ。

　今もまだ痛みを抱えていたとしても大丈夫。悲しみに浸っていたってかまいません。幸せを完全に見失ってしまったと思っていてもいいのです。そんな状態でも、

そうでなくてもいいのかもしれない、他の道があるはず。

　と、どこかでわかっていてください。でもそれには、あなたが本当にそれを望まなければならないということはもう理解していますよね。本物の変化への唯一の方法はこれまでとは異なる考え方をすること、あなたが知っていると思っていることを超えて、物事を見るということしかありません。

受講生やクライアントを見ていると、繰り返し出てくるパターンに気づきます。それは、変わりたいけど、本当は変わりたくない、ということ。人生をよくしたいと思っているけれど、いくつかのクソみたいな考えや批判を手放してまでは嫌だなと思っているのです。

「自分の会社を始めたいけど、どこでどうやって始めたらいいかわからない」
「たばこをやめたいけど、でもやめることができないのよねぇ」
「仕事中毒にはなりたくないけど、家族を養わなきゃいけないから」
「子どもともっと一緒に過ごしたいけど、何しろ時間がないんでね」

　変化を望んではいても、普段のやり方にすっかり甘んじてしまい、毎日同じことを繰り返しているのです。変化を望みながらも、それはできないと考え、試してみようとは思わず、単にわたしたちの思いがどこにも行けずにいるだけとも気づかないで、自分が罠にはまっていると信じているのです。でも、思いがわたしたちを引きとめているのだ

から、それらの思いそのものが、再び前に進めさせてくれることもありえるのよ。

> ❝こころが持つ本当の力の真価をわかっている人はわずかしかいません。それを完全に自覚し続けている者は1人もいません。しかし、あなたが恐れを免(まぬが)れたいのなら、いくつか理解すべきことがあり、しかもそれらは十分に理解されなければなりません。こころは非常に強力です。その創造的活力を失うことはありえません。決して眠ることもありません。どの瞬間にもこころは創造しています。思いと信念が混ざり合い、文字通り山をも動かせるほどの力が一気に湧き上がるということを認識するのは簡単ではなく、自分自身にこのような力があると信じることは、一見、傲慢(ごうまん)に思えるかもしれません。しかしこれは、あなたがそれを信じない本当の理由なのではないのです。あなたは自分の想いには真の影響力がないと信じるほうを好んでいます。実はあなたが自分の想いを怖がっているからです。無為な想いなどありません。すべての思考はなんらかのレベルで形を

生み出します。💬(W-2-Ⅵ-9:3-10, 13-14)

想いにどんなふうに縛られているのか

　エゴの想いをよく調べてみる必要があります。エゴの想いに命を与え、信じ込むことで、わたしたちはエゴをリアルなものにします。ということは、わたしたちがそうした想いを変えることもできるはずね。したいと思っていることへの呼び声を抑えているものがあるとしたら、それは、"どこか外に"あるのではなく、わたしたちの内面にあるのだから。わたしたちを止めるのも、前進させるのも、瞬間瞬間に自分が真実だと信じ込んでいることに関係があるに違いありません。

　昔ながらのパターンではまってしまっているところから抜け出すには、わたしたちの経験が自分の想いから生じていると理解しなければならないわ。欲しくない経験を生み出す想いは手放すことができるのだから。自分の想いをホーリースピリットに任せればいいのです。そうすると違った見方ができるかもしれません。これが"ミラクルを選ぶ"ということなのです。違った見方を選ぶこととは、内面に

知性のパワー、つまり内なる愛の教師を持っていると信頼することでもあるのです。

　ここでは、特にあなたがあきらめたくないと思っている制限的で、ネガティブな考えに注目してみましょう。あなたをいい気持ちにさせる考えではないのに、なぜかあなたがしがみついていたい考えのことです。あなたが何を見ているかで、あなたの考えていることがわかります。敵意やフラストレーションのような、エゴの考え方につい引っかかっている時はいつも、世界が敵意に満ちているように、あるいは苛立っているように見えるはず。ホーリースピリットにあなたの考えを預けると、あなたの本当の家はあのお粗末な世界ではなく、神さまの愛の中だということに気づきます。自分のこころの中にあるこの部分、この生家に戻ると、神の創造の真のやさしさが見えるようになるの。

　もっとわかりやすくするために、制限的な考えが、それらを神に預けることによってどのように変わるかを紹介しましょう。

考え：
　生まれ育った故郷から引っ越すことはできない。ここしか知らないから

ホーリースピリット：
　こころの中に聞こえる"引っ越します"という呼び声を尊重します。わたしはどこへでも引っ越せる能力があります

考え：
　子どもと一緒の時間をもっと持ちたいけれど、別れた妻に頼むのが怖い。もし訴えると言われたらどうしよう

ホーリースピリット：
　すべては落ち着くべきところに落ち着くと信頼します。そんなふうに思えなくても、信頼します。自分のやり方をやめて、内なる知恵を信頼します。恐れることは何もありません

考え：
　彼にしがみついていなきゃ。だって、彼こそわたしの生涯の愛のパートナーなんだから！

ホーリースピリット：
　わたしの生涯の愛とは、わたしの真の自己そのものです。豊かになるために、わたしの外側の何か、誰かを必要としま

せん。神の愛に支えてもらっているのですから

　こうやって考えを置き換えても、問題はすぐには解決しないかもしれません。でも内なる叡智、創造的なパワーにアクセスすることができるようになるので、問題が解けていく道が開けました。物事の対処の仕方で滞ってしまっている時、わたしたちは、マインドの最高の部分を除外して考えているものです。つまりスピリチュアルな知性に気づかないまま対処しようとしてしまっているのです。できないものは永遠にできない、という概念にあぐらをかいているわけです。そんなふうでは、今を変化させることはとても難しいわね。そんな困難な生き方を選んでいながら、どこかでそれを快適と感じているのはどうしてでしょう？

◆ 安全圏＝非幸せ地帯

　わたしたちの最も大きな幸せは人生を十分に表現して生きることよね。だからこそ自分の安全圏の外に出ることがわたしたちに元気をもたらすのです。安全圏はよい場所と思うかもしれないけど、実際にはそうとも言えないわ。ベッドをちゃんと置けるように部屋を片付けていないので、折

り畳み椅子で寝るのに慣れてしまったようなもの。居心地が悪くても、それしか知らないので、それをずっと続けてしまうの。未知の領域を恐れるあまり、身動きできずにいるのです。

　わたしが初めてロサンゼルス（LA）に引っ越した時、ミラクルがいくつも起きました。

　わたしにとっては、生まれ故郷のマイアミがわたしの最初の安全圏でした。でも、小さい頃から、わたしはLAに住みたいと夢見ていました。1980年代の人気コメディー「パンキー・ブリュースター」を観るたびに、わたしもそのドラマに出たいとあこがれていました。主人公のパンキーにはアフリカ系の友達がいたので、わたしは彼女のラテン系の友達になりたいと思ったものです。このドラマはLAで撮影されているのだと母が教えてくれた時にはがっかりしたわ。LAがフロリダからは遠いということだけは知っていたから。LAに住みたいという思いは10代、20代の頃には強まるばかりで、でも敢えて実行しようとは思いませんでした。言い訳はどっさりありました。マイアミから遠すぎる、家族と離れたらさみしい、お芝居のキャリアはマイアミでも十分花開いている、マイアミならよく知っている、などなど。

でも、ある晩、日記を書き終えたところで、マイアミに永遠に住んでいるという映像が見えてしまったのです。同じ配役で、同じような仕事の契約がずっと続く感じ。そしていずれは女性なら誰でも当たり前と思われる人生、つまり結婚し、子どもができるという筋書きの日々が見えたのです。たぶん、それはそれでいいのだろう、とも思ったわ。でもそれは、子どもの頃からの呼び声を無視するということでもありました。そのままの状態に居座るのをやめ、前に進まなきゃ！　と感じるようになりました。そうして、20代後半、わたしはマイアミを離れ、ロサンゼルスで新たな人生をスタートさせたのです。

　そこでも、また別の形で居座るのをやめる出来事に導かれました。わたしは、離婚の痛みをなんとしてでも癒したくて、パスウェイズ・オブ・ライトという『コース』の学校に入ったの。『コース』の教師になるという呼び声を聞いた時、どれほど怖かったか！　そんな呼び声はすぐさま否定したいものです。自分自身にこんなふうに言っていたのを覚えています。この学校にいるのは自分を癒すためなのだし、『コース』のことをもっと知りたいだけ。教師になるためじゃない。わたしは女優なんだし！

　すごく抵抗し、1年のカリキュラムを終えるのに3年も

かかりました。この世界のさまざまなことにまだ目がくらんでいたので、6ヶ月もクラスに出なかったこともありました。世界はリアルでした！　自滅的なパーティー、酒や薬におぼれ、数ヶ月を過ごした後、わたしはすっかりみじめになり、どうしていいかわからないまま身動きできず、全然幸せでないことにすっかり嫌になってしまいました。そこで、次に予定されていた教師の資格を取得できるプログラムに申し込み、そのクラスを通じてスピリットの声を聴くことを真剣に習い始めました。わたしに、ついに準備ができたのです！　バーバンクのユニティ教会から講話を依頼された時、わたしは自分の呼び声にこたえ、本当に一歩踏み出したのだとわかりました。それを契機に、思いがけないところで話をする機会にも恵まれるようになっていきました。LAでは、わたしは女優であり、テレビ番組の司会者であり、同時に『コース』の教師であってもいいかも！　と、納得したのです。

　怖かったけれど、やっとサインに注意を払い、自分が本当に果たすべき仕事にイエスと言えるようになったことに、わたしは言葉に尽くせないほど感謝しました。パスウェイズ・オブ・ライトでの学習という非安全圏に足を踏み入れなかったら、多分、わたしはいまだに自滅的な生き方には

まったままで、他の人たちが自分の幸せを生きることができるように手伝いたいというわたしの人生の目的を見つけることもなかったと思います。

◆ 強迫的心配性が、わたしたちを動けなくする

　常に気になってしょうがない、そんな問題を持っているかもしれないわね？

　朝、目が覚めても、歯を磨いていても、職場への運転中にも、ランチや夕食を食べている時にも、最後にはベッドに入っても考えてしまう問題。解決策を考えつくのではなく、同じ心配を繰り返し見直しているだけ。

　どうしてこんなことになってしまったんだろう？　なぜこんなことが自分に起きるんだろう？　なぜこの人はわたしが望むようにはしてくれないのだろう？　わたしがこれをしたらどうだろうか、あれをしたらどうだろうか？　こんなことを言ったらどうなる？　あんなことを言ったらどうなる？

　次から次へと心配が止まらないのは、問題が実際に現実のもの（わたしはそれを神との"一大駆け引き"と呼んでいることは、も

う話したわね）で、解決策は全然ないのだとあなたが信じているからです。頭の中で間違ったアドバイザーに頼っているのです。

> 💬 エゴのルールは"探しなさい、でも見つけてはいけません"なのです。💬 (T-4-V-5:2)

エゴのアドバイスを聞いている間は、同じ問題について何度でも繰り返し心配し続けることになります。心配というのは、自分に、これはこうでなければいけない、だからわたしは心配する必要がある、苦しむ必要がある、不幸せでいる必要がある、と言っているのと同じことなのです。全部、ナンセンスなエゴなのよ。そうしてエゴを信じても、最後には騙されて落胆するだけなのです。

昔からの同じ問題にもはやはまらないためには、そしてあなたの考えを変えるためには、これから紹介する3点が役に立ちます。

1. 本当の問題は1つしかないと気づくこと。自分は神から分離した（真実ではありません！）のだから罰を受けるべきだ、とあなたが信じています。それが問題なのだ
2. 強迫観念的な心配には"ノー"と言う

3. いやでも、心配する代わりに幸せな考え方を選ぶ

　考えは、1回だけ変えればいいということではありません。何度でもレッスンが必要です。おなじみの問題にずっとはまっている必要はないと理解するのは単なる始まりです。次は新しい想いや幸せな体験にこころを開かなければなりません。まず、マインドフルの状態、今ここに在る状態に戻らなければ。自分が何を考えているのか、感じているのかに気づいていることが大切です。自分が平和でない時には、それに気づき、あなたにとってよいと感じるやり方で"もう一度選択"すること。シンプルに「わたしは今幸せを選びます」でもいいかもしれません。これを何度も選択するの。何度も、よ。レッスンを重ねるにつれ、問題にはまった時には、幸せな想いが自然に湧き上がってくるようになります。あなたが不幸せと感じているのは、実際にあなたに起きる事柄とは無関係で、常にあなたがどのように考えているかに関係しているのだとわかり始めるのです。

停滞から脱する瞑想

　ストレスを和らげ、健康を増進するのに瞑想が効果的だと聞いたことがあるでしょう。わたしにとって、瞑想の大きな利点は内なるホーリースピリットの愛の声が、よりはっきりと聞こえるようになるということです。だからわたしは、こころから、クライアントにも受講生にも自分でできる瞑想を奨励しているのです。具体的なやり方を伝える前に、瞑想をもっと簡単にするポイントをいくつか紹介しますね。

- 邪魔が入らない、静かな場所を見つける
- 深呼吸し、いつでも呼吸に注意を向ける
- できれば、キャンドルをともし、お香を焚きましょう
- 瞑想の中でやることを映像化しましょう。たとえば、こころの中で「頭のてっぺんに光が見えます」と言ったら、そのイメージをこころの中に描いてみるというように

　まず、目を閉じ、2、3回深呼吸。

頭の上に金色の光のボールがあるのを想像します。

　その光のボールが頭頂から、両目、口、胸、そして心臓を通って降りてくるのを感じます。下に下がりながら、色が変わってくるかもしれない。

　光はそのままつま先まで降りていきます。

　そこで、もう一度深く息をし、静かに「平和」と数回言います。

　次に、こころの中に祭壇があるのをイメージします。

　そこにはあなたの心配や懸念が置かれています。いろいろな色の箱にしまわれているかもしれません。多分たくさんの箱。あまりにたくさんありすぎて少し居心地が悪いようなら、その不快感をラッピングして、祭壇に供えてもいいかもしれません。

　その祭壇の隣に愛の存在がいるのを感じましょう。

　それは天使、聖人、あるいはイエス・キリストのイメージかもしれません。どんなシンボルが見えるとしても、それはあなたの個人的つながりを表しています。

　祭壇に置いたものを全部あなたにとっての愛のシンボル

に預けます。

そして、宣言しましょう。

神さま、わたしを停滞させ、愛を体験できないようにした心配、懸念、ネガティブな想いをすべてお任せします。わたしはそれらの代わりにあなたを今選びます。神さまの意志が行われますように。

終わったら、深呼吸を2、3回し、目を開けます。

このやり方は単なるガイドラインです。お手本として使ってください。自分で試してみて、感触がよくても、悪くても、自分が停滞していると感じた時にはいつでもこの瞑想を繰り返して欲しいの。効果を感じるはずだから。瞑想するたびに自分の瞑想が変化していることに気づくかもしれません。瞑想を続けていれば、変化は自然なことです。イメージを描きやすくなるなど、瞑想のスキルが上がっているしるしでもあるのだから。レッスンを重ねるうちに、あなたの"ひっかかり"に抗わない別の創造的方法がひらめくかもしれません。

瞑想中に、無関係なことについて考え出したとしても、

心配無用。わたしもそうでした。特に空腹の時には、黒豆、白米、フライド・スイート・バナナ……美味(おい)しいキューバ料理のことを考え始めたものよ。

　気持ちが散漫になっていると感じたら、ただ気づいて、自分自身に戻り、瞑想を続けましょう。何を考えていたにしろ、それは後で食べたり、考えたりできるから。

◆ しなやかな強さ

　罠にはまらずに生きるには、柔軟性、しなやかさを養わなければなりません。どんな困難に直面していようと、前に進む強さを持つという意味よ。とてもつらくて苦しい出来事の後は、特に罠に陥りやすいのです。自分たちを守ろうとして、わたしたちは状況の被害者になり、時には、たとえば失業、離婚、あるいは愛する人の死などのトラウマを伴うような大きな危機に直面して、文字通り、人生をストップさせることもあります。

　わたしの場合、母が真のしなやかさとは何かを教えてくれました。

　1966年、共産主義が台頭してきて、母は故郷のキューバを後にしました。所持を許されたのはスーツケース1個

だけ。夫と2人の息子と共に最初はスペインに向かい、それからニューヨーク、最後はマイアミに落ち着きました。そのマイアミで当時9歳だった兄（わたしは一度も会ったことがありませんが）がひどい事故で亡くなりました。息子を亡くし、お腹にはわたしがいて、加えて自殺願望のある夫も抱えていました。そのような状況で母が一体どんな気持ちでいたか、想像することもできません。生き地獄だったでしょう。わたしが生後3ヶ月の時に父が自殺したことを考えると、なおさら。

　こうした時こそ、地獄にはまっている場合ではないのです。自分が誰で何者なのかを最善を尽くして覚えていなければなりません。真の自分自身の神聖さを思い出すことで、日々やらなければならないことをやり続けながら、自らを癒す強さを思い出すことができます。母には、停滞したままでいる余裕はありませんでした。父と息子が死んだからと言って、母まで死ぬわけにはいかなかったのです。母は自ら立ち上がり、勇気を持って自分の偉大さに一歩踏み出しました。英語を学び、仕事を見つけ、そして家族の面倒を見るというのが、母の最高最善の姿でした。わたしのもう1人の兄は、その時16歳。仕事に就き、家計を助けていました。実はこの兄がわたしのベビーベッドを買ってくれ

たのです。ショッピングモールの化粧品売り場で兄がわたしにメイクアップをしてくれたことを覚えています。わたしが4歳の時に、母は再婚し、わたしに素晴らしい父を与えてくれました。父は、常に本当の父のようでした。彼のことを"継父"と呼んだことはありません。父が母の初めてのデートでビーチに行った時（母はベビーシッターを頼めなかったので、わたしもデートに連れて行ったのよ）、父はわたしを見て、思ったそう。「この小さな女の子がわたしの娘になるんだ。本当の娘のように愛そう」。そして父はその通りにしてくれました。父親として、娘にはもっと別のやり方をして欲しいと願ったことが多々あったはずだけれど、わたしが自由に夢を追いかけるのを許してくれました。わたしがベストだと思うことを尊重し、それがなんであれ、母と同じようにわたしをサポートしてくれました。

　しなやかさ、柔軟性はまた、あなたのまわりの人たちにも伝染します。子宮外妊娠で緊急手術をすることになった時、兄はその夜のうちにマイアミからLAに来てくれ、わたしが翌朝目を覚ますまで、ずっとベッド脇を離れなかったそうです。入院している間中、ずっと付き添ってくれ、シャワーを浴びに家に戻ることさえしなかったのですって。それが愛や親切でなくてなんでしょう。兄がそんなふうに

できたのも、母から学んだ部分があるのだと思う。母は家族のニーズを最優先にし、自分の大変さは二の次にしていたから。彼女のしなやかさがわたしに幸せな子ども時代を与えてくれ、わたしの素晴らしいお手本になりました。

"あなただけの問題"などありません！

"わたし、わたし、わたし"症候群もまた、あなたを停滞させます。愛はすべてを含むので、自分中心というのは、あなたが愛を自分の中心にしていないことになります。愛が愛を生み、それがまた愛を生み、それがまた愛になるのです。自由になりたいのであれば、わたしたちみんな1つのメンタリティーという見方を持たなければなりません。つまり、愛はみんなに行きわたるほどあるということを理解する必要があります。みんなに行きわたってなお余りあるほど、愛は十分にあるの！　だから、なんでもあなた中心でなくても大丈夫なのよ。

『コース』は、"神は愛であり、だからわたしも愛である"と教えています。また、わたしたちはみんな"神の教師"だとも言っています。ということは、あなたが愛の教師なの

です。この意味がわかると、あなたの"自己"がどのぐらい注目を得られるかなんて心配しなくなるわ。あなたの自己こそがすべての源なのだから。あなたが愛を与えれば与えるほど、あなたの愛がどんどん増えるのがわかります。

　もちろん、エゴはそのようには働かないわ。注目を得てもそれで十分ということはなく、だからいつも、もっと探さないと！　と、エゴはわたしたちをそそのかします。でも、エゴに従っても、満足な結果は、決して訪れません。本当に満足させてくれるのは、しかも、とても深く満足させてくれるのは、神の教師としてあなたの真実を生き、あなたの幸せなゲームを楽しむことだけなのです。ちょうど、犬がぶるぶると身体を震わせた時に、その毛がまわりに飛び散るように、あなたも光をまわりのすべての人、すべてのものに放射することができるのです。

　ではどうやってそれができるのでしょう。次に紹介することをやってみましょう。

- あらゆることに対し、**尊重しましょう**
- **感謝しましょう**
- あなたの"大ごと"を**手放しましょう**
- **笑顔でいましょう**

- 自分のやり方ではなく、ホーリースピリットに導いてもらいましょう

時々は忘れることもあるわね。怖くなって、利己的なエゴのモードに陥ってしまうのはいとも簡単。でも、そんな自分自身に気づき、もう一度愛を選択すればするほど、どんどん簡単になっていくわ。だんだんに罠にはまっていくことにはならないと、約束します。

◆ 大事なポイント

- わたしたちが停滞するのは、状況ではなく、わたしたちの想いが原因
- あなたの"安全圏"は実際には幸せな場所ではない
- 瞑想を通して、あなたは心配性から解放される（瞑想が完璧でなくてもいい）
- しなやかさは不運から立ち直る力だ。しなやかさはお互いに教え合うことができる
- あなたの幸せを見つけるには、"わたし、わたし、わたし"を手放す必要がある

第 8 章

あなたの準備が進んでいます

"ミラクルは、奇跡的なこころの状態、つまり、ミラクルの準備ができた状態から生まれます。"

(T-1-1-43)

オリンピックの選手は、極めてハードなトレーニングを積んで準備をします。高いレベルのコミットメントと推進力を維持しながら、実際にそれを生きているのです。それと同じことがあなたの中で起きる必要があるの。言い訳なし。"ちっぽけな自分"という決めつけに餌(えさ)をやるのもなし。どんなメダルよりも価値あるものをあなたが持っていることを宣言する時がきたのです。あなたが自分のものだと主張すべき、あなたの役割があるのです。それは、あなたの幸せと同じものです。ここまで読んできたことはすべてその準備のためだったと言えます。後はあなた次第！　この本がそれをあなたに与えることはできません。あなたが本気で求めなければなりません。わたしもそうやってきたのです。自分のやり方を持ち出して、自分の邪魔をしないことを決意したの。おかげで、自分がこころから望んでいることに対して、自分で否定することがなくなったのよ。

　準備が整うために、いくつかわたしが変える必要があった、型にはまった内なる会話をいくつか紹介しましょう：

「自分が愛だとはわかっているけど、でもやっぱり幸せにしてくれる男性をゲットしないとね」
「内面が豊かだと信じているけど、でも銀行口座には十分

なお金があるわけじゃない」

「わたしはすごい女優よ、でもオーディションは怖すぎる」

すでに話しましたが、わたしは教会に行くことや、『コース』も含め、スピリチュアルな本や自己啓発の本を読むことに葛藤がありました。でも不幸せのままでいることも嫌でした。ためになるいい考えを持っていたけれど、自分の真の自己と一致してはいませんでした。幸せな人生が欲しかったけれど、わたしの考えや行動はそこからズレていました。自分の小ささにとらわれながら、同時に自分の偉大さを生きたいとも思っていました。そんなふうに、バラバラの興味を持ったバラバラの自己に固執していると、わたしたちは真の自己に気づくことができません。一体感と個別性は共存することはできないからなのです。

小ささって何？

小ささは、神から分離してしまったと信じるようになって以来、つまり愛の存在に常に気づいている状態から離れてしまって以来、自分とはこういう人間だと思っている自己のことです。あなたのマインドの一部で制限をかけてい

る部分、無価値だと思っている部分と言ってもいいかもしれません。わたしたちのほとんどが、このちっぽけなスペースを使って生きていて、そのことに気づいてさえいないの！　自分の個別性を守ろうとするのは、その小ささを守ろうとしているという意味でもあるのです。幸せを世界からもらうギフトとして探している時、実際にはあなたは神から遠ざかっている自分を守っていることになります。

『コース』ではこんなふうに言っています。

> ❝この世界の中の何かが自分に平和をもたらしてくれると信じて、それを手に入れようと努力している時、あなたは自分を卑小なものにしています。そして栄光に対して目を閉ざしているのです。❞（T-15-3-1:6）

　わたしたちは、すべてを手に入れる代わりに、世界の小さな断片を探しては積み上げているということなのよ。たった1つの全体性から剥がれて、バラバラに分離した断片が、いずれはわたしたちに幸せを運ぶだろうと考えて、そこにはまっているわけ。これが"豊かさ"のテーマが好まれる

理由なのです。パーフェクトな人間関係やかっこいい邸宅、キャリアの成功を手に入れることを想像するようにあちこちで奨励されているわね。そうすることが実際にはわたしたちの小ささ、卑小さを強めているだけだとは気づいていないの。もっとお金が欲しいと願うのは、自分はちっぽけで、弱い存在で、搾取されていると感じているから。解決策はもっと何かを得ることではなく、内なる豊かさに気づくことしかないのです。

偽の豊かさ

　この世界に生きていると、わたしたちは豊かさを物質的な言葉で定義したくなります。物やお金を十分に得るために延々と働いて、成功することもあれば、そうでないこともあります。絶え間なく"もっと"と探すのは、エゴの得意技。「高価なものを所有し、ブランド物で着飾っていると、人は感心してくれ、特別待遇してもらえるよ！」とエゴは叫び、わたしたちはつい我を忘れて、その気になってしまうのね。

　なんというバカバカしさでしょう！　何か賞を獲得したら、受賞式には素敵なドレスを着て、ほんの一瞬は幸せを感じるかもしれません。でも、その種の幸せは長続きしま

せん。見せかけだというのは明らかね。わたしが"エゴの滑稽（こっけい）な豊かさシステム"と呼んでいるものをよく見てみると、それが欠乏感から生じていて、なかなか消えないとわかります。1ヶ月もすれば、賞も高級ドレスも大して意味がなくなり、再び充足感を与えてくれそうな何か新しいことを探し始めるでしょうね。そんなものを豊かさと呼べるでしょうか。

　あなたにとっての豊かさがあなたの外にあり、外からどんどん補充していかなければならないと思っているとしたら、幸せに生きることはできません。絶対無理と言い切れるわ。

真の豊かさって何？

　マインドの中に常に愛があると気づき、それが、あなたが生まれながらに受け継いでいる遺産なのだと知っていること、それがあなたにふさわしい豊かさです。すべてのものと1つであり、あなたが神聖で欠けたところのない完全な存在であると知っているということでもあります。外側にあるもので、あなたがどんな人なのか決めることができ

るものなど何一つありません。なぜなら、あなたはすでにすべてを手にしているからなのです。

　今、ここで、ちょっと目を閉じて、ただそこにいてみてください。何も考えずに。自分自身がベッドや椅子に溶けていくのを感じてみて。まわりの空気を感じて。そして、目を開け、1回深呼吸します。あなたは静けさの中にいます。静けさだけ。静けさを感じて……。どうかしら？　何がリアルなのかを垣間見ることができたかしら？

　真の豊かさとは、あなたは神が創造したままのあなたであると気づくこと。あなたの中に欠けているところが何もないとわかっているという意味なのよ。それが理解できたら、もう、自分を補おうとしてこの世のあちらこちらを延々とさまよわなくていいのです。

**　そんな豊かさをどうやって信じることができるっていうの？　お金は要るわ！　家賃を払わなくてはならないし、服だって必要よ!**

　そう言いたいのは、わかるわ。この世界で生きている限り、物が必要のように見えるから。それでも、常に静けさを見つけることはできるのよ。実際の目的があって、それ

に必要なものを見つける手助けをしてくれる内なる友達があなたにはいるのだから。衣服をあきらめるわけではないの（それも面白そうだけどね）。あるいは飲食をあきらめるというのでもない。ただ、この世界の物たちがあなたではないということなの。まずは、内なる富がいつでも自分の中にあることを受け入れようとしてみない？　自分は、ちっぽけなアクセサリーが自分に与える物以上の価値ある存在なのだと知らなくてはならないのよ。

　自分のことや物質的なことを楽しんではいけないと言っているのではありません。ただ自分が何をしているのか気づいていたいのです。自分を見失わないで。物たちにあなたがどんな人なのかを決めさせないで。真の豊かさを生きている時は、よい物事を引き寄せるかもしれません。そして、持っているものを失うのではないかと恐れる必要がない時、そのよい物たちをもっと楽しむことができるのです。今、あなたは気づきを持っているので、値段をつけようもない豊かさをどんどん体験できるはず。

◆ 自分の豊かさに気づく

　わたしは女優でテレビ司会者だったけれど、安定した収

入はありませんでした。仕事が入った時だけお金も入る仕組みでした。そのおかげで、収入の流れを信頼するようになり、わたしの人生、いつでも必要なものは供給されるという自信にもつながったと思っています。離婚後、手元に数千ドルしか残っていないとわかった時には、さすがに長いため息をつかずにいられなかったけれど、それでも心配はしませんでした。わたしの源は豊かだと知っていたから、請求書が来れば、喜んで支払いました。欠乏感に苦しんだことはありませんでした（金銭に対してより、男性に対しての不平不満が、わたしの学びのうえでのチャレンジだったの）。

　2013年の春、不動産市場が低迷している時に引っ越すことにしました。わたしに残されている唯一の選択は、所有していたマンションを、残っているローンより安い値段であっても売るという、つまり損切りすることでした。不動産担当者でちょっとナイスな男性が、尋ねるというのでもなく、不思議そうに言ったものです。

　ハッピーなんですね？　離婚もして、流産もして、お金もなくて、さらにマンションも安い値段で手放そうとしているわけで、どうして幸せでいられるんですか？

その瞬間、愛がわたしの身体を駆け巡るのがわかったわ！自分はなんて自由なんだろうと思ったからよ。感謝もしたし、自分自身を誇りに感じました。それまでは気づいてもいなかったことでした。こういう瞬間を、わたしは美しいと思うの。

「そう、わたしはハッピーよ。離婚や流産、こうしたことすべてが全然問題じゃないとわかっているの。今も、そしてこれからも必要なものは常に与えられ、それはこの世界とはまったく無関係に起きるのがわかるの」

　それまでにわたしに起きたことがすべてギフトだったと、突然、はっきり見えました。すべての出来事が、自分に欠けたところはないと思い出す機会だったのです。これが真の豊かさなのです。こころの準備がしっかりできたと思えて、わたしはそれまでの人生で一番深く感謝しました。

Lesson 12

第8章 あなたの準備が進んでいます

豊かさの祈り

　ここに書いた祈りは、あなたが自分の言葉に直して使うことができるよう、簡単にしています。もちろん、このまま書き写して使ってもかまいません。あなたの内にある真の豊かさを見つけるという目的にフォーカスする手助けになるはずです。金銭的な問題、その他の物質的な不足に苦しんでいるなら、この祈りを毎日使って問題の根っこに触れてください。

　神さま、わたしのこころの豊かさに気づかせてくれて、ありがとうございます。わたしは、より深いレベルでわたしの受け継いでいるものを理解したいと願っています。自分が身体やその他の外見的なものと同じ存在とみなすことは、もうやめます。あなたの腕の中に身を任せます。わたしはすべてを持っていて、欠けているものは少しもありません。真実の中にいる時、わたしはすべてのものと1つであり、完全無欠の存在であり、神聖です。神よ、これまでわたしを見捨てることなく、いつも一緒にいてくださり、ありがとうございます。気づきの聖なる道具

としてホーリースピリットを与えてくださり、ありがとうございます。
ホーリースピリットは決してわたしから離れません。

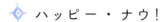 ハッピー・ナウ！

　オリンピック選手がその全エネルギーをこれからしようとすることに集中して注ぐ時と同じように、幸せの準備のためには、今この瞬間にいる必要があります。どこにいるのか、何をしているのか気づかないまま、ただ生きているという状態がある一方、今この場にいるということに目覚めている在り方もできるのです。あなたが今この瞬間にいる時、過去のことを後悔したり、過去のほうがよかったと懐かしがったり、未来のことを考えたりしません。幸せな今にいる時、あなたはホーリースピリットの導きを聞いているし、"聖なる瞬間"の中にいて永遠を経験することさえできます。

　その瞬間だけで、完璧な正気、完璧な平和、完璧な愛を取り戻すに十分です、と『コース』は言っています。

　大切なのは"今"です。ここが、あなたのパワーが一点集中するポイントです。この"今"、考えうる最も幸せな自分を選ぶことができます。たとえ5分前に何が起きていたと

しても、今この時にもう一度選ぶことができるのです。この1秒の瞬間、この本を読みながら、あなたの考えを変えることによって自分の経験を変えるパワーがあなたにはあります。もしも過去や未来のことを心配していたら、今、この瞬間の体験ができません。あなたに必要なのは、その瞬間にそこにしっかりいて、起きていることを見るということだけです。どこへ行ったらいいのか、何をしたらいいのか、誰に何を言ったらいいのかは導いてもらえるから。

> どうすれば神と共に決断できるかを学んだ時、
> すべての決断は呼吸することと同じように
> 容易で正しいものとなります。
> 努力は必要なくなり、あたかも夏の日に
> 静かな小道を運ばれていくかのように、
> やさしく導かれていくようになるでしょう。
> (T-14-Ⅳ-6:1-2)

　ハッピー・ナウのためにわたしが使っているお気に入りのツールが、このマントラよ。

わたしは何もする必要がありません。

これを聞いたあなたは、こんなふうに考えるかもしれないわね。
「何を言っているの？　物事をする必要はあるでしょ。請求書が来たら、支払わなければいけないし、銀行にも行く必要があるし、歯も磨かなきゃ……」
　でも真実は、そうしなくてもいいのです！　必要があるのではなくて、あなたがそうしたいと望む、あるいはそうすることを選ぶことができるの。つまり、こういうことよ。請求書を支払う必要はない。でも、もし払わなければ、あなたが望まない結果がついてくるとわかっているから、あなたは払いたいのです。
　あなたは常に自分の意志で選択しています。あなたよりも大きい力によってやらされているわけではありません。あなたが選んだやり方で、あなたは日常の世界に対処しているのです。この考え方は、自分のパワーと責任の感覚を維持する手助けになります。これより先、あなたがする必要のあることは、あなたのマインドの、最高に賢い部分、ホーリースピリットにあなたの選択のしかたをガイドしてもらうことです。そうすると、あらゆることが簡単に優雅に落ち着くべきところに落ち着きます。考えうる最悪の結

果に備えてあれこれ計画する必要がなくなるのです。その代わりに、最善が起こるままにしておくことができます！

◆ 今、ここにいる
 ―「在り方」のレッスン

朝、起きたら、自分の1つ1つの動きに意識を向けましょう。床に足を置いたら、どんな感じがするか注意してみましょう。歯ブラシを持ったら、それと一緒にいて、こんなふうに思ってみましょう。

ハロー、わたし、こんなこともできるのよ！

バカバカしいと思うかもしれないけれど、歯を磨いているのも、その時にあなたが選んでいることだと認めるのに役立つの。そしてあなたはそれをとても上手にできるのです。冷蔵庫を開ける時、髪をとかす時もこんなふうにやってみてね。

わぁ、上手にできるわ！　レッスンのおかげ！

何をするにしても、あなたがそれを選んだのです。その

ことを忘れずにいて、そしてそれができることを十分に感謝しましょう。

　運転している時にも、在り方の経験をするチャンスはたくさんあります。赤信号の時は、これからどこへ行くのか、あるいは遅刻しているとか、お腹がすいたとか考える代わりに、停まっている間、ただ周囲と一緒にいましょう。あなたの周囲には何がある？　過去のこと、未来のことを考えるのはやめ、こんなふうに思ってみてください。

　この瞬間はパーフェクト！

　助手席に座っている人に目を向けることもできます。歩道を歩いている人を見ることも。こころの中で彼らに祝福を送ることも。目に見える人全員の最善を祈ることもできます。運転席の自分が今ここにいることにも感謝しましょう。

　わぁ、わたしがこの状態の創造者なのね！　わたしが自分をこの場所に置いて、今この瞬間のエネルギーが醸し出している状態を自分に目撃させているのね！

それらはみなあなたへのギフトよ。そうやってそこに居合わせることに感謝しましょう。

練習することで、どんな状況でもこの在り方のスキルを活用することができます。状況や出来事がごくありふれた日常のことのように思えても、あなたの在り方がそれを素晴らしい経験にシフトさせます。あるがままでいることのレッスンをして、幸せのジェット機に飛び乗りましょう！

 幸 せ を 生 き る 準 備 完 了 ！

幸せを生きる準備を完了するには、これらの質問を自分にして、できるだけ正直に答えなければなりません。

- 自分自身や他の人に有害なのに、現実のものだと思い込んでいるものはあるだろうか。それは何？
- わたしが特別なものに仕立て上げているものは何？　わたし自身は特別？　スペシャル？　どんなふうに？
- 自分の人生でわたしはどのように分離を演じているのだろう
- 自分の小ささにどのぐらい依存しているのだろう

例外はありません。例外をつくると、幸せには生きることができません。幸せになるか、ならないか、だけなのだから。あなたが幸せを望まなければ。確信を持って本気でこんなふうに言いましょう。

- わたしはわたしの不平不満を手放す用意ができています
- わたしは自分の外に幸せを探すのをやめる用意ができています
- わたしはゆるす用意ができています
- わたしは批判をやめる用意ができています
- 自分は価値があると受け入れる用意ができています
- 物事を違った見方で見る用意ができています
- 幻想をすべて手放す用意ができています
- 神の愛の中で生きる用意ができています

　さぁ、こころの準備をしましょう。今すぐに。

◆ 大事なポイント

- 小ささは、あなたが神から分離してしまった、つまり絶え間

ない愛の気づきから分離してしまったと考えて以来、ずっと自分だと思ってきた自己だ
- わたしたちはすべてを手に入れる代わりに、世界の小さな断片をその代替品として探している
- 豊かさが自分の外側にあり、頻繁に外から補充をする必要があると考えていると、幸せに生きることはできない
- 真の豊かさは、あなたは神が創造したままのあなたであると気づいていること
- 今ここにいる時には、過去のことを悔いたり、懐かしがったりしないし、未来に思いをはせることもない
- 今、そこに在るというのは、自分が望んでいることを自分が選んだと認めることだ。"必要があった"から、嫌でもやらなければならなかったというのではない
- どんな瞬間でも、どんな状況でも、あるがままでいることができる

第9章

あなたの幸せを生きましょう

> "神がわたしに望んでいるのは、
> 完璧な幸福です。"
> （W-101）

おめでとう！　ハッピーエンディングまでたどり着いたわね！　この本を読み終わってからは、世界に対するあなたの経験は、これまでとは違うものになっているはず。約束するわ。今やあなたはホーリースピリットのメガネをかけているので、あらゆる物事を違った見方で見ているわね。そんなあなたは超かっこいい。あなたの大きな意欲があったから、こんなに遠くまでやってきたのです。自分自身に感謝しましょう。あなたがこの本に飛び込み、幸せに生きることにコミットしたことに対して、自分自身を褒めてあげましょう。

　今までの人生を振り返って、そしてこの本のレッスンを振り返って、もっとよくできたかもしれないこともあったかもしれません。でも、あなたが試みたことすべてが、今、あなたがいるこの場所へとあなたを運んでくれたのだから、すべてパーフェクトなタイミングで起きたし、起きているのです。そして、ここからは、自分の小ささにはもはや耐えられなくなります。もうつまらないゲームはなしよ。バカげた考えはなし。今やあなたは神が創造したままのあなたとして生きることにコミットしているのだから。高らかに宣言する時です。

「わたしは愛しています。そしてわたしが愛そのものです」

「わたしは平和です。そしてわたしが平和そのものです」

「わたしは豊かです。そしてわたしが豊かさそのものです」

「わたしは幸せです。そしてわたしが幸せそのものです」

「わたしは信頼しています。そしてわたしが信頼そのものです」

　最後の宣言が、幸せに生きるレシピの最後のステップです。「信頼すること」。あなたの真の自己、愛に目覚めるためには、あなたが自分の信頼をどこに置いているかに気づかなければなりません。まず、あなたが使ってきた信頼と、新しい信頼の違いを明確にさせてね。

◆ 過去の信頼 vs 新しい信頼

　過去の信頼は、子どもの頃に学んだものです。その信頼は、いつも型にはまった見方に置かれています。たとえば、よさそうな人なら、信頼してもよい。過去にうまくいったから、それを信頼する、などなど。過去の信頼が頼りにしているのは、あなたの小ささなのです。あなたが世界から分離しているという前提に立っているのです。自分の恐れを外の世界に映し出してさえいれば、自分はその恐れから解放されると

無意識に信じているし、同時に、外の物事があなたを幸せにしてくれると思い込んでいます。

それは全部エゴの信頼のスタイルです。

新しい信頼は、あなたが問題と思っていることからあなたを解放します。あなたの本質として愛を信じ、これまでとは異なる自己が自分だと受け入れています。まわりで何が起きても、もはや心配するということがありません。愛を信頼しているから、心配するのでなく、誤解を癒すのです。この新しい信頼はホーリースピリットに頼っているので、平和、愛、大きな喜びを必ずあなたにもたらします。

> ❝ あなたは今のところ、まだほんのわずかしか
> わたしを信頼していません。けれども、もっと
> 頻繁に、エゴではなくわたしに導きを求めるよ
> うになると、信頼は増します。その成果によって、
> あなたは、この選択が自分にできる唯一の
> 正気の選択であることを、ますます確信する
> ようになるでしょう。1つの選択が平和と喜びを
> もたらし、もう1つの選択が混沌(こんとん)と災いを
> もたらすことを経験から学んだ人なら、

> これ以上の説得は必要ではありません。"
> (T-4-Ⅵ-3:1-3)

　友人の『コース』の教師、デイヴィッド・ホフマイスターと2人でセミナーをした時に、わたしはこの新しい信頼について理解し始めました。バーバンクのユニオン教会で行われた"ミラクルの夕べ"と題したセミナーでした。わたしにとっては初のコラボレーションで、とても嬉しく、またドキドキしていたわ。会場に行く途中、彼に尋ねました。
「今日は何について話す？」
　彼の答えは「わからない」。
　わたしは驚き、「どういう意味?!」。
「まっ、とにかく前に出て、後はスピリットに任せよう」
　彼は冷静に言うのです。
　わたしは、というと、「ぎゃ、そうなんだ！　わかったわ」と言うしかありませんでした。ちょっと緊張したけれど、それでも、それが正しいとわかりました。わたしたちの2時間のセミナーは素晴らしいものになりました。わたしも、彼と共にスピリットがわたしたちを通して働くに任せたのです。デイヴィッドの落ち着いた、信頼しきった様子を見て、わたしは自分が一歩下がり、スピリットに任せ

るという在り方を学ぶことができ、自信になりました。

それ以来、わたしの信頼に対する考え方が変わり、この世界の"問題"から解放され始めました。心配や批判なしに、あらゆることをただ起こるがままにするようになりました。"わたし"が邪魔するのをやめたのです。

新しい信頼がわたしの人生を変えた

コロラドでの講演を終え、飛行機で家に戻った時のこと。

わたしは荷物を片付けながら、夕食に何をつくろうかなと考えていました。上等な赤ワインに、ナスのパスタというアイデアが浮かんだけれど、そのビジョンは、ビデオカメラがないと気づいた時、瞬く間に崩れ去りました。飛行機の座席の下に忘れてきたのかもしれないと思った時、わたしは一瞬、恐れで茫然となりました。後々の分かち合いのために、講演会など、それまでしてきた話の様子はすべてそのカメラで撮っていたのです。どうしよう、新しいカメラを買わなければならないかも！　わたしはエアポートまで車を飛ばし、何がなんでもカメラのある場所を突き止めようと考えたところで、逡巡が始まりました。待って、そんなことしたら、せっかく考えた美味しい夕食を逃すこ

とになるじゃない。それに空港までわざわざ行ったのに、結局、無駄に終わったら、どうしよう。これはわたしの慣れ親しんだパターンです。すっかり被害者の気分になり、まるで水洗トイレの渦巻きに引き込まれていくような感覚に打ちひしがれてしまいました。

　でも、もしもカメラが戻ってくる運命なら、戻ってくるだろうと思ったその瞬間に、恐れが消えたのです！　最悪の事態を想定して恐れ、その結果について嘆くのではなく、すべてうまくいくだろうと信頼したのでした。同時に、どうしたらいいかなどという迷いはなくなり、とっさにプロテインバーをつかんで、我が家の玄関を飛び出したわ！

　空港に着く頃には、すでに午後10時を回っていて、手荷物受取所のオフィスはすべて閉まっていましたが、わたしのエアライン（格安航空〈スピリットエア〉です、もちろん）には、まだ人がいました！　その係員は電話中。やはり探し物をしているのか、乗客らしい人がもう１人やってきたので、わたしは順番を譲ってあげました。その時わたしが受け取っていたメッセージは、信頼している時には、急ぐ必要はない、というものだったからです。わたしはとても落ち着いていて、まるで自分ではないみたいでした。

　やっと係員を捕まえることができ、飛行機の座席の下に

バッグを忘れてきたと言うと、彼女はメモしながら、ひと言、「盗まれちゃったかもしれませんね」。

　なんの根拠もなくわたしが返したひと言は、「いえ、そんなことはないはず」。

　彼女は肩をすくめ、誰かゲートで働いている人がいるかどうか無線機で確かめていましたが、応答はなし。「ちょっと時間はかかるかもしれないけど、見つかったら、こちらから連絡しますよ」と彼女は言います。

　でも、信頼はわたしに、焦らずどっしり構えていなさいと言ったのです。「急いではいないので、誰かが応答してくれるまで、一緒に待ちます」とわたしは答えました。

　驚いたことに、彼女は微笑んで、「ゲートに行きましょう」と言ったのです。

　照明を消し、ドアを閉め、そして、わたしたちは上の階に向かいました。関係者以外は入室できない場所まで来て、わたしはそこで待つよう言われました。20分ほどして彼女は出てきましたが、結局、誰も見つけることができず、後で連絡するので、帰りなさいと言うのでした。それでもわたしはまだ待つべきだとわかっていて、彼女は親切にもう一度探しに行ってくれたのです。数分後、彼女は肩にわたしのカメラバッグをかけて、戻ってきました。「これか

しら？」

　あの夜、エアポートから家に戻る途中、わたしは車の中で喜びのあまり泣いてしまったわ！　カメラが戻ったからではありません。かつてのわたしとは異なるやり方で物事に対処できたことが嬉しかったのです。わたしは、運命の被害者だと思いながら、あるいはカメラを失くしたのは自分のせいだと責めながら家でグズグズしていることを選びませんでした。本当に信頼している時は、わたしたちはただあきらめ、何かいいことが起きるのをただ待つだけということはしないのです。不信感を抱えている時よりも、実際にはずっとエネルギッシュに、何をしたらいいか、どうしたいか、明晰になっている自分に気づくことになります。あの出来事の後、わたしは以前と同じわたしではなくなりました。心配をしないわたしになったのです。

◆ 信頼に飛び込む

　もしも本当に自分の幸せを生きたいなら、全面的に信頼するということに飛び込む必要があります。自分のやり方にこだわるのをやめて、ホーリースピリットの導きに任せ

なければなりません。エゴの夢があなたにとってもはやリアルではなくなる時、その時こそ、楽しいことが始まるのです。愛であることを忘れて以来、あなたは、疑いや恐れ、心配する声のほうを信用してきました。それ以外知らなかったのだから、それはそれでよかったのですが、この本を読んでしまったあなたは、もはや言い訳はできませんね。十分によくわかっているのですから。

　もし忘れても、信頼にさっと戻れる4つのステップを紹介しておきます。わたしが不必要に苦しんでいたあの頃に知っていたらよかったのにと思う、頼れるガイドです。今はそれを持っているので、神に感謝。あなたもきっと同じように思うわ。

1. 何が起きても、観察し、気づき、それを受け入れます。怖くなったら、それも変えようとせずに、自分に感じさせてあげましょう。抗うのをやめましょう。恐れと一緒に逃げるのではなく、恐れを真実に戻るために使いましょう。こころに起こるどんな感情に対しても判断をしないように。それはただの気持ちだから。遅かれ早かれ、過ぎ去っていくものだから。大切なことはそれらをどのように使うかなのです

2. 自分に尋ねてみましょう。何を使ってわたしは神と駆け引きをしているのだろうか、と。たとえば、交通違反のチケットを切られたかもしれないし、営業成績が悪かったかもしれません。パートナーが浮気をしたかもしれないし、愛する人が亡くなったかもしれません。わたしたちはそうした出来事をすぐに恐れから判断しがちです。でも、すぐには信じられないかもしれませんが、他の選択もあるのです。昔ながらの判断の仕方を手放して、判断はあなたの真の自己にお任せすることができるのです！　シンプルに、こんなふうに言ってみましょう。

「ホーリースピリット、わたしのためにこれを判断してください」

3. そうしてから、あなたが邪魔するのをやめるのです。批判や正当化、罪悪感、恐れを経験している時でさえ、あなたの"ハイアーパワー"にそれらを預け、自分が邪魔するのをやめられます。これが、感情を真実に戻すためのシグナルとして使う方法です

4. 最後に、信頼。前述の３つのステップがこのパワーをもたらします。あなたのハイアーセルフを信頼する時、すべては完璧に展開するとあなたはわかっています。習慣でつい忘れたりしても、信頼があれば、自分は神さまが創造してくれ

た通りの自分だと思い出させてくれるのです

　このプロセスを覚えているのに役立つイメージがあります。弓を構え、真実の的を狙っていると想像してください。最初に、弓を引き絞ります。この時、つがえた矢があまりに鋭く、危険に思えたとしても、あなたが感じていることにはすべてあなたが責任を取ると決めるステップです。ひょっとしたら、長い間、この矢で自分のことを突っついて、血を流してきたかもしれません。それも今や問題ではないのです。信頼すると同意したことで、スピリットの弓をあなたは選んだのだから。そのおかげで正しい方向に矢を向けることができるのです。弓を、全身全霊で感じながら、自分の心臓近くまで引き絞りましょう。自分はできる、制限はないと知りながら、弓を引き絞るの！　あなたは恵みのただ中にいます！　あなたから取り上げられてしまうものなど何もないのです！　さあ、矢を放ちましょう。信頼と共に。大いなる真実という的を射抜いた時は、幸せの感覚があるので、おのずとわかるもの。的を外したとしても大丈夫よ。使える矢がまだたくさんあるのだから。

Lesson 13

第9章 あなたの幸せを生きましょう

幸せプラン

　マインドはスピリチュアルなレッスンと規律を必要としています。常に自己に気づくということを身に付け、想いの葛藤から自由になるにつれて、わたしたちは自らの本当の目的に目覚めることが可能になります。

"あなたの役割と幸せは同じもの"と『コース』は言っています。これが、「あなたの幸せを生きる」という意味です。それは、あなたのためだけではなくて、あらゆる人のためでもあるの。わたしが、幸せプランと呼んでいるプランに、2ヶ月間、従ってみて。自分の気づきと目的に焦点を合わせるうえでとても役に立つから。このプランには5つのステップがあります。

1. 目的を設定する
2. アファメーションを書き出し、声に出して繰り返し言ってみる
3. コミットする
4. こころを開き、意欲的でいる

5. 祈りの言葉を書き出す

　例として、わたしが使った幸せプランの1つを紹介しますね。自分の状況に合わせ活用してくださいね。途中、プランを変更せざるをえないこともあるかもしれないけれど、それでかまいません。毎日、口に出して言ってみるプランがあることが大事なのです。何をするはずだったかを思い出させてくれるから。そうでないと、つい忘れたまま、一生が終わってしまうかもしれないわ。

　5月、6月の幸せプラン

1. 目的：平和
2. アファメーション：
　　わたしは神の平和です。
　　わたしは今、神の平和を選びます。
　　わたしのマインドをホーリースピリットに任せます。
3. コミットメント：
　　毎日アファメーションを宣言します。
　　常に気づきを持って、ホーリースピリットに助けをお願いします。

朝晩、祈りを読み上げます。

週に5日運動します。

毎日最低10分は瞑想します。

4. わたしは意欲を持ち、次のことに対して扉を開いています：

マイアミにいる家族を訪問します。

"真実の愛"と名付けた啓発的なコンサートをプロデュースします。

新しいウェブサイトをつくります。

海外でセミナーをします。

5. 祈り：

> 目標は確かであり、その手段もまた確かです。このことを受け入れて、わたしたちは"アーメン"と言います。選択すべき時にはいつでも、あなたは、神があなたのために何を意志しているかを告げられるでしょう……だからわたしたちは、これからはホーリースピリットと共に歩み、導きと平安と確実な指示をホーリースピリットに求めます。喜びがわたしたちと共にあります。わたしたちは、神がわたしたちを歓迎

するために閉ざさずにおいた扉に向かって、家路を急いでいるのですから 〟(W - エピローグ)

ワクワクしてください!

　本書の原題 "LIVE YOUR HAPPY"(あなたの幸せを生きる)とは、人生でうまくいっていることにも、うまくいっていないことにも感謝をするという意味です。それができるのも、幸せが"外の世界で"起きていることに左右されないと、あなたにはわかっているからです。あなたの幸せとは、あなたの内なる気づきや慈愛をどんどん大きくしていくこと、そして内なる知恵と触れること。あなたの幸せは世界からやってくるのではありません。幸せはあなたそのものなので、それはあなたの中にあります。常に、そしてこれからも永遠に。わたしは家に帰るたびにそれを思い出します。わたしのワンちゃんたち、サーシャとソフィーが、わたしの帰りをものすごく喜んでくれます。その日がどんな日であっても、ワクワク待っていてくれます。自分が愛している対象に対して常に変わらぬ喜びを表しています。それっ

て、誰にとっても嬉しい生き方ではないかしら。

　あなたのマインドがどのように働くのかを理解し、自分の体験を選ぶ力があるのだとわかった今、もうあなたには苦しまなければならない理由はありません。ワクワク、喜んでください。自分は悪者ではない、地獄へ行くこともありえない、そして1人ではないとわかったのだから。真のゆるしとは何かも知り、ついに自分の道の邪魔をせずに、"あなたの幸せを生きる"準備ができました！　ワクワクしないではいられないでしょ！

訳者あとがき

　マリアがこの本でわたしたちに教えてくれているのは、どうやって自分と自分の人生に揺るぎのない自信を持つようになったかということです。
　わたしたちはみな、マリアが経験してきたような自信を持ちたいのですよね。
　何があっても自分は大丈夫という自信。
　何をしてもしなくても、自分は限りない愛に守られているという自信。
　取り返しのつかないことなどしてこなかったし、これからもするはずがないのだという自信。
　慈しみと信頼と情熱にあふれた人間関係を築けないわけがないという自信。
　つまずいても、必ず助けてもらえるという自信。
　他にもいろいろ。
　そのような確信がみなぎっている時、わたしたちはハッピーと感じるのでしょう。

訳者あとがき

　マリアは、その自信は、外的な環境からくるものではなく、こころの内側を見つめ、その奥にひそんでいるホーリースピリットという愛の声を聞く練習を重ねることで培うことができると言っています。そして、彼女自身がやってきた練習の一部始終を気前よく分かち合ってくれています。

　わたし自身も長年『コース』を学び、マリアと同じように練習し、ホーリースピリットの声に耳を傾けてきました。その道中で、「こんなことが言える自分」「こんなふうに見ることができる自分」「これほどまでに安心と自由を感じながら人を愛せる自分」といった、外側から見てもよくわからないかもしれないけれども、自分としては革命的な瞬間を、数え切れないほど経験してきました。

　そしてそんな経験のどれもが、かつてのエゴの自分ではなく、ホーリースピリットとぴったり重なった自分のものだということを理解してきました。

　マリアは、ホーリースピリットの学びこそが、自分の人生を変えた、可能性を実現させてくれた、と言っています。わたしもまったく同感です。

　わたしはまた、あなたもまた、まもなくわたしたちに同

感してくださることを確信しています。
　ホーリースピリットとともに、自信にあふれて人生を歩いていきましょう。スピリチュアルな道は、こんなにも豊かで楽しく安心なのだということをご一緒に目撃し合ってたいきましょう。

2019年1月

香咲弥須子

[著者プロフィール]
マリア・フェリーペ（Maria Felipe）

マイアミ生まれのキューバ系アメリカ人。グローバルに活躍するダイナミックな講演家で、教師や牧師も務める。英語とスペイン語を使い、カリフォルニア州バーバンクのユニティ教会で毎月セミナーを開催。また、全米、ヨーロッパ各地に招かれ、セミナーやツアーを行っている。カリフォルニアに住む前は、モデルや女優として活躍していた。アメリカ全土に放送されるテレビCMに出演、人気テレビ番組の司会をはじめ、世界的なレスリングの興行団体であるWWF（現WWE）の番組では２万２０００人の観衆を前にライブ放送にも出演。その後、内なる呼び声をきっかけに方向転換し、『ア・コース・イン・ミラクルズ』を学び始める。

セミナーには、南カリフォルニアから、スペイン語を話す人、英語を話す人の両方が集まる。また、それだけに留まらず、スペイン語放送によるニュース専門チャンネルＣＮＮエスパニョールをはじめ、ユニヴィジョン、テレムンドなどのＴＶ番組やニュース番組にモチベーショナル・スピーカーとして出演することも。人気雑誌『ピープル』では"ライバルなきチャンピオン"と紹介された。

www.mariafelipe.org
www.facebook.com/mariafelipefanpage
www.youtube.com/MariaCoconutTV
Twitter @revmariafelipe

[訳者プロフィール]

香咲弥須子（Yasuko Kasaki）

東京都出身。小説家、翻訳家、写真家として活躍した後、1988年よりニューヨークに移住。1995年に『奇跡のコース（A Course in Miracles）』に出会い、2004年ヒーリング・コミュニティセンター CRS（Center for Remembering&Sharing）を設立。『奇跡のコース』を教え、広めるとともに、セミナーや講演会等を世界各国で行っている。作家、翻訳家、スピリチュアル・カウンセラー、ヒーラー。Association for spirituality & psychotherapy 会員、国際ペンクラブ会員、国際美容連盟理事。著書、翻訳書多数。近著に『ホーリースピリットからの贈り物』（サンマーク出版）がある。

伊藤由紀子（Yukiko Ito）

翻訳家。1993年より『バックラッシュ　逆襲される女たち』『新中国人』（新潮社）、『魂の指導者クロウ・ドッグ』（サンマーク出版）、『死をみつめて生きるために』（白水社）、『ニューヨーク州児童虐待調査官』（PHP研究所）、『医者も知らないホルモンバランス』（中央アート出版社）、『30日間で、どんな人ともあなたの味方にする方法』『チャック・スペザーノ博士の「幸せな子ども時代を取りもどすのに遅すぎることはない」』『人生最大の秘密！』（ヴォイス）他、訳書多数。英語音読講師、奇跡講座スタディー・グループ主宰。

LIVE YOUR HAPPY
by Maria Felipe

First published in the United States of America by New World Library.

Copyright © 2017 by Maria Felipe

Japanese translation rights arranged with NEW WORLD LIBRARY
through Japan UNI Agency, Inc., Tokyo

ブックデザイン／山田知子（chichols）
DTP／山口良二

願いはすべてホーリースピリットが叶えてくれる

2019年1月23日　初版発行

著　者　マリア・フェリーペ
訳　者　香咲弥須子　伊藤由紀子
発行者　太田　宏
発行所　フォレスト出版株式会社
　　　　〒162-0824　東京都新宿区揚場町2-18　白宝ビル5F
　　　　電話　03-5229-5750（営業）
　　　　　　　03-5229-5757（編集）
　　　　URL　http://www.forestpub.co.jp
印刷・製本　日経印刷株式会社

©Yasuko Kasaki 2018
ISBN978-4-86680-018-9　Printed in Japan
乱丁・落丁本はお取り替えいたします。

『願いはすべてホーリースピリットが叶えてくれる』読者無料プレゼント

FREE!

マリアからのオリジナル動画メッセージ

動画ファイル

本書の著者マリア・フェリーペさんが、日本の読者のために、特別にメッセージをお寄せくださいました。**本書オリジナルの動画です。**また、マリアさんと訳者の香咲弥須子さんのスペシャル対談動画も同時公開。マリアさんが人生を大きく変えるきっかけとなった『ア・コース・イン・ミラクルズ（以下、コース）』を、『コース』発祥の地アメリカ・ニューヨークで長年教え、広めてきた香咲さん。マリアさんと香咲さんは、日ごろから親交の深い間柄。お2人の楽しくも深いお話をお楽しみください。

この無料プレゼントを入手するにはコチラへアクセスしてください

http://frstp.jp/holy

※特典は、ウェブサイト上で公開するものであり、冊子やCD・DVDなどをお送りするものではありません。

※上記無料プレゼントのご提供は予告なく終了となる場合がございます。あらかじめご了承ください。